沖縄に学ぶ

神戸からの「うちなぁ見聞録」

目次

うちなぁ見聞録　5

うちなぁ見聞録

「うちなぁ見聞録」　沖縄県内外で活躍する識者によるエッセー企画で、毎週土曜日の「沖縄タイムス」の掲載。連載第1回の掲載が著者である（2015年8月〜16年7月まで担当）。同企画は現在も継続中。

掲載日は各回の末尾に記している。

挿絵は大野俊明氏（日本画家、京都市立芸術大学特任教授）による描き下ろし連作「琉球・沖縄」より。

「粛々と」という言葉

四季折々に日本の原風景としての表情をみせる京都は、鴨川にしつらえられた床とそこで供される鱧《はも》料理と共に、祇園祭で一挙に夏の姿に変わる。

春に青雲の志を抱いて上京した各大学の新入生もそろそろ故郷の仲間、味覚が懐かしくなり、各町で組み立てが始まった鉾《ほこ》を横目に期末の試験に汗を流し、終われば宵山も本祭の山鉾巡行も見ることなく気もそぞろに帰省する。故郷の久しぶりのわが家で京土産を広げ、テレビに映る町屋路地を両親や友人達にしたり顔に解説をしながら祭を楽しむ。

超大型の台風11号が近畿を直撃した7月、名神高速で車を走らせながら、ふと祇園祭のハイライトの当日であることに気付き急遽《きゅうきょ》京都へと車を向けた。千百年以上の歴史を誇る祇園祭は、かつて神事としての祭を一度も中止したことが無いと在学中に古老にうかがっていたので、激しい風雨の中でも本当に行事が行われるのかを確かめたかったからかもしれない。

大渋滞に巻きこまれたために到着が遅れ、すでにメーン会場の四条通辺りは落ち着きを取り戻していた。文字通りバケツをひっくり返したような豪雨の中、「いくらなんでもこの雨では無理。祇園祭の長い歴史の中で、初めての出来事。そんな日に私は現場に居あわせたのだ」と独り合点をして、なじみの料理屋に車を寄せた。

早々に女将が「ようこんな日に！　おこしやす」と、傘も役に立たない雨の中、車から降りた私に手拭いを差し出しながらポツリと一言「それでもくじ改め、注連縄《しめなわ》切りの稚児に選ばれたお子ら本当に堂々として立派でしたよ。みせてあげたかった」と、目を輝かせながら話してくれた。「えっ！　この激しい風雨の中で」と、私はしばらく玄関の前で立ち尽くした。

ことしの大役を引き受けた稚児役の子どもさんはそれぞれ10歳とか。その時、何処か頭に「粛々と」という言葉が雷鳴のように湧き上がった。私は政府高官がこの言葉を切り出して以来、自分の中で特に沖縄の方々とお話しをする際には「封印」していた。風格、品性、そして何よりも清らかな志を持った者が、澄み切った心持ちの中でのみ使うことが許された言葉であったことに気がついた。そして遠く離れた京の地でも私はどこかでいつも「ウチナー」を想い続けていたのだ。

どんなに飾り立て、包み隠しても言葉は話す人の精神・行動を表す。ことしの沖縄タイムス賞文化賞を受賞された吉川安一先生は、穏やかで一言一言を大切にされたごあいさつの中で、「人生を顧みる時、努力の連続だったかなと思う。これからも自分に頑張れと声をかけ、努力を続けていきたい」と受賞の喜びを表現された。

まさに謙虚に、しかし堂々と、粛々と、誇り高くとあらためて宣言されたものと深い感銘を受けた。多くのことを気付かせてくれるこの島は、私の中でかけがいの無い大きな位置を占めていることを実感している。

（2015年8月8日）

守礼門

直筆に宿るチムグクル

旧暦7月7日の七夕に念願の元副知事、安里カツ子さんのお墓にお参りした。雑事に追われ御逝去の後心苦しい日々が過ぎていた。この日しかないとスケジュールを調整して沖縄入りしたが、同行下さった妹さんから「沖縄では墓参に良い日ですよ」と言われ、偶然とはいえ不思議なご縁を感じた。カツ子さんは私たちの街の者が力を合わせて進めている神戸の養護施設の子どもさん達を沖縄に案内する「夢・未来号」プロジェクトを通じて知己を得、大変なお力添えをいただいた。

晩年と申し上げるには若すぎましたが、最後となった那覇空港での出迎えの際には病を全く感じさせないかのごとく、到着した子どもさん達を強く「よく来たね、よく来たね」と抱き締めて下さった。傍らを見ると今まで疲れを癒やされていたと思われる椅子が目に入り、胸が塞《ふさ》がれた。

闘病中、お見舞いに対しお便りをいただいたが、ある日のお便りは文字が乱れ、ただならぬ気配が伝わって来た。末筆に「ゴメンなさい。点滴をしながら書いている為に…」。最後まで自らの手で気持ちを文字に託し伝え続けられた。

私も便りは全て手で書く。手許《てもと》には太・細、大・小約20本近いインクも色違いのペンが出番を待っている。紙質や相手、テーマで使い分けるが、なじんだペンも一夜明けると全く感覚が変わる。シックリこない。

そのため、その日に使うペンの選定が朝一番の仕事となる。野球選手がその日のバットを選ぶ作業に似ているのか？　当然出張先にも選ばれた5本ほどを同行させるが、沖縄には定番の太さ、長さ、インクの色が決まっていて迷いはない。

インクの沖縄カラーは「セピア」。普通沖縄といえば鮮やかなブルーやエメラルドグリーンのインクをイメージされると思うが、何故か「セピア」がピタッと来る。私の阿児奈波、球陽、琉球という古称が好きな感覚から来ているのかなとも思う。

滞在中私は宿舎に帰ると、いつも沖縄での出来事を「夢・未来号プロジェクト」の神戸側の最大の理解者である前市長の矢田立郎さんへ「セピア」のインクで書き送る。公務ご多忙の中、第1回から子どもさん達を励まし、毎回早朝よりお見送り下さった。本来の「セピア」のインクはイカ墨で作られている。

そしてそのインクは沖縄とは縁の深い陶芸家バーナード・リーチさんが携えて来日し、柳宗悦等民芸運動の仲間達が使

勝連城跡

用していた。そのご縁もこのインクを使わすのかもしれない。矢田さんはご自身もひとり親でご苦労をされたためだろうか、子どもさん達に注ぐ眼差《まなざ》しが違う。

せいぜい私の沖縄滞在は2泊ほどなので、投函《とうかん》したはがきは私の帰神より遅れて届く。今回も帰神後矢田さんから返信が早々に届いた。「夢・未来号を最初から支えられた安里さん、如何ばかりお喜びになられたでしょう。御苦労さまでした。人と人との心の結び、命を大切にといわれた島田知事と共に。沖縄の皆さまに感謝です」といつものように謹厳な書体で記されていた。

私は毎朝その日のペンを選ぶ時、試し書きをする。「チムグクル・真心」と書いてみる。手書きの文字がネットの文字にはない何かを伝えてくれると信じて。

(2015年9月5日)

高野山からのプレゼント

神戸港は再来年開港150年を迎える。沖縄と縁も深く、明治18年の航路設定から文字通り本土との大動脈として県民に愛されてきた。旅客輸送の担い手として、空路が加わり、多くの物と人の想いを運び続ける沖縄と神戸との航路は、平成18年開港の神戸空港がさらに強い絆を築いている。

神戸港はまた、ブラジル移民の窓口でもあった。私の母校の小学校の傍らに現在は移住センターと呼称されている移民収容所が日本最初の施設として昭和3年に設立され、集まった移民家族が本土の最後の夜を過ごし、旅立って行った。現地に適応する知識を得るための短期1週間ほどの入所だったようだが、両親に連れられた子ども達は私たちのクラスに定期的に転校生として入ってきた。旅立ちの前日、クラスメートがわずかばかりのお小遣いを出し合い色紙やえんぴつ、菓子類をプレゼントするのが常だった。

明けて出発の日、両親の緊張した顔とは逆に、新天地に向け希望いっぱいで船上から手を振るつかの間の友人たちの表情に、子ども心にも何かチグハグな感情と別れの寂しさを抱きながら学校に戻ったことや、サントス丸・ブラジル丸の船名が今でも鮮やかに浮かび上がってくる。子どもだったのであえて出身地を気に掛けなかったが、沖縄の方々も多くいらっしゃったと思う。時代が移り空港はかつての港が果たした役割に加え、災害時の重要なアクセスと神戸の目指す先端医療産業都市への切り札として大きな期待を集め、今は沖縄はじめ7都市へ就航している。

何より最新の神戸ファッションと都心へ約18分という利便性、世界中の食が集う快適なホテル群の集積という機能性が人気を集めている。今沖縄へは日に6便が往復。神戸空港から京都まで最速50分、奈良まで100分、改修を終えて雄姿を現した世界遺産姫路城までは60分、沖縄県民が春夏に大きな声援を送る聖地甲子園も35分という近さだ。今年開山1200年を迎え多くの参拝客でにぎわう高野山へも意外と近く約2時間20分で到着する。

私事で恐縮だが、今年2月に高野山の最高位第五一六世の法印職に親戚の別格本山金剛三昧院の久利康彰長老が就任した。1年間弘法大師の身代わりとして大法要の導師を司り、さらに高野山を下ることが出来ない大事なお役目。寺は源頼朝の妻の政子が寄進した国宝の美しい多宝塔で有名だが、1200年を記念して10月1日から11月1日までその内部の五智如来を特別拝観している。

また、御本尊の愛染明王は縁結びで霊験あらたかとの評判だ。先日住職の康暢《こうちょう》君に、「沖縄タイムスコラムを読んだ」とお寺の寺務所に伝えていただくと、特別にお寺の壇上に結界として結ばれている金剛線を編んで作られた「縁結び金剛線うでわ」をプレゼントしてもらえるように依頼した。出会い、ご縁を大切にするウチナーの方々に高野山からの贈り物を受け取っていただきたいと思う。

那覇空港から1時間50分で到着するコンパクトで分かりやすく、親切、清潔さを実感していただける「神戸空港」をご利用の上、関西の秋を満喫してほしい。

（2015年10月3日）

斎場御嶽

画家・鴨居玲没後30年

5月から東京を皮切りに洋画家・鴨居玲先生の大規模な回顧展が全国を巡回している。6月10日の沖縄タイムス紙上でも大きく掲載されていた。先生とは18歳の時に出会った。

大学に合格した3月のある日何げなく、私は家業の眼鏡店に立ち寄った。当時は父と店員だけの小さな店。そこに不思議な雰囲気を持った長身の方が入って来た。店の2人がお客さまの相手をし、カウンターには私だけが居た。店内で商品をご覧になり、一つのサングラスを私に持って来られた。「君、この部分を少し削ってくれないか?」。たまたま立ち寄っただけで何の知識も無くまだ高校を出たばかりの丸刈り頭の私に突然の指示があった。
他に誰もいない状況で、私は慌てて必死でヤスリをかけ、なんとかお納めした。家業とはいえ、眼鏡を触った事もない私の冷や汗の時間だった。暫《しばら》くしてその時の対応へのお礼状が展覧会の図録と共に届いた。その手紙には「前略　先日　御宅で安いものでしたが　目がねを買いもとめたものです　その時　若い御宅の店の方がとても親切で　非常に心地よくうれしく　おもいました。大切な事だと思います。　御主人様
鴨居　玲　4月12日」と記されていた。とても嬉《うれ》しく思った。特に末記に記された鴨居玲と書かれたサインには未知の人でありさほど関心は無かったものの妙に心に残る骨太の文字であった。その後、先生は洋画壇への登龍門の安井賞を受賞され、私は大学卒業後に家業に専念して歳月が流れた。
1984年にドイツでの10年間の研修留学を終え日本人として初めてのアウゲンオプティカマイスター（ドイツ国家公認眼鏡士）を取得した弟へ記念になる何かお祝いをと考え、すでに高名な画家になっていた先生に絵をお願いしたのが再会となり、そ

の後、先生が自死した際に私が発見し、病院に運んだのが最後ともなった。

先生の兄上は今次の大戦で戦死された。その死について話をした記憶はなく、沖縄の方々と同じようにあえて触れようとはされなかった。ある年の終戦記念日に先生のご自宅でニュースをご一緒にテレビを観ている時にポツリと「絵など虚《むな》しいものだね。キャンバスに『戦争反対』と大きく太く書けばいいだけだよ。チョコチョコ表現するなんて」と自嘲気味におっしゃられた事を鮮明に思い出す。

先生の作品群の中で「ピエロ」「酔って候」「物乞い」など、世評の高い作品群とは別に、「廃兵」「戦争は終わったのか」「アンネの日記」「名古屋城炎上」などの名作がむしろ人目を避けるかのように存在する。そしてその頂点にフランスのミッテラン元大統領がパリの個展の際、月賦購入した事で有名な教会シリーズが位置していると思う。窓も出入り口もなく、傾いたり空中に浮かんだり、大地から今まさに宙に飛び出さんとする堅固な構成の作品である。

戦争、宗教について語らなかった先生がある日フッと「何故私は神を持たないのか？と問い続けているのです」とつぶやかれた。そして「私が胸を張って代表作と言えるのは、この教会シリーズです」とも加えられた。青春時代を過ごされた金沢に異質の大作「観音像」が残されている。制作年代を思うと、胸がおし潰《つぶ》されそうになる。お兄様が出征された頃である。

没後30年を迎え、沖縄を訪れる度にご生前中一度も足を踏み入れられなかった先生と一緒に各地を巡りたかったとの思いがますます強くなる。この島の歴史、伝統そして人々の表情に何を感じ、描かれたであろうか。藤田、鳥海、北川、須田さんの描かれた沖縄とは全く違った世界が展開されたであろうと、口惜しく大きな沖縄の損失とさえ思う。

（2015年11月7日）

園比屋武御嶽石門

夢・未来号プロジェクト

私達の街の者が力を合わせて進めている「KOBE夢・未来号・沖縄」プロジェクトは、2006年2月の神戸空港開港を期し、20年前の1月17日早朝に発生した大震災からの復興を告げ、多大な支援をいただいた方々に次代を担う子どもさん達をシッカリと育て見守る事で感謝の気持ちをお伝えしようと、毎年1月に実施されている。

市内14の児童養護施設で生活する子どもさん達が6年生になると1泊2日で全員を沖縄にご案内し、1日目は美ら海水族館で惜しまれながら昨年亡くなった人工尾ビレの「イルカのフジ」の不屈の生き方を学ぶ。

2日目は神戸から最後の官選知事として終戦直前の1945年1月に沖縄へ赴かれ

た島田叡《あきら》さんが眠る摩文仁の「島守の塔」を参拝する。命の大切さと沖縄の苦難の歴史を学んでもらい、今でも沖縄の方々から深い尊敬の念を持って偲んでいただいている郷土の先達を記憶に留めて欲しいと一切の補助金等を排し、「街衆《まちしゅう》」の自主財源と寄付によって運営している。

7回目となる今年も1月10、11日に沖縄の皆さんの献身的なご協力とご理解を得て実施され、延べ260人を超える子どもさんが沖縄の土を踏んだ。特に今年は沖縄協会さんからご提供いただいたオオゴマダラが青空に神戸からの後輩達の「想いよ届け」とばかりに優雅に舞ってくれた。私は6月23日の全戦没者追悼式、島守の塔での式典に毎年街の仲間と参列して犠牲になられた方々のご冥福と平和を祈り、子どもさん達の旅の安全と大きな成果を念じる。そしてこの式典を終えて初めて翌年の「夢・未来号」の準備が本格化する。

戦後70年に亘《わた》り、島田さんの遺徳を称え欠かす事なく御霊を慰め続けられた県民の皆様に深い感謝と尊敬の気持ちで一杯になる。特に塔の前の仲宗根政善さんの「ふるさとのいやはてみんと　摩文仁《まぶい》山の　巌に立ちし　島守のかみ」の碑をみる度に、沖縄の方がここまでもと、心が激しく突き動かされる。

子どもさん達が塔の汚れをぬぐい、召し上がりたかったであろう神戸の水、お菓子、お酒をお供えする。島田さんのお喜びになられるお顔が蝶の舞う空に揺曳《ようえい》する。この「夢・未来号」実施のご挨拶に沖縄へ行くと、私は毎回浦添グスクに眠る伊波普猷さんのお墓に参じる。ヒッソリとした墓域を清め新しい水、花を手向け、傍らに立つ顕彰碑の刻文を辿《たど》る。「彼ほど沖縄を識った

ニライビーチより

人はいない　彼ほど沖縄を愛した人はいない　彼ほど沖縄を憂えた人はいない」。たおやかに刻まれた文字が強い力を持って迫って来る。

「愛してはいるが、憂えるという言葉と気持ちを言葉にする程、私はこの島の事を知っているだろうか、学ばなければ識らなければ、語り、思う資格は無い」と自らの無知を恥じる。私の書棚に彼の著作が櫛比《しっぴ》している。雑事から解放された深夜にひもとき、熱い想いで綴られた文面に圧倒され、全身に知の息吹きを感じる一刻となる。

もっとこの島の目の眩《くら》むような伝統、歴史、文化、風習を学び、次代の人々に伝えなければならない。戦後の歴史の中で翻弄され続ける普天間基地をのぞみながら、いつも私は深い感慨を持って城跡からの坂道を下る。

（2015年12月5日）

新春の神戸と沖縄

新年のお慶びを申し上げます。申《さる》年の沖縄のお正月の様子はいかがでしょうか。

神戸のお正月は大晦日《おおみそか》の除夜の鐘が鳴り終わると、漆黒の港に停港している全ての船からお祝いの汽笛が鳴り響く。まだ迎春の準備が終わっていない家の者も気忙しい手を止めて戸外に出ると、なだらかに連なる六甲の山塊の中に150万市民の誇りである市章と錨《いかり》、そしてかつて兵庫津に出入りし神戸の物流と繁栄を支えていた北前船のイルミネーションの煌《きら》めきを目にする。

六甲山系を背負い大阪湾に臨んだ私達の街、三宮の氏神であり3世紀に創建され天照皇大神の妹の稚日女尊《わかひるめのみこと》をお祀《まつ》りし、神戸の名の起源でもある生田神社への初詣をと急ぐ人の波で商店街は一挙に埋まる。

神戸は、ハイカラ・モダンのイメージの強い街だが、室町時代からの追儺《ついな》式の神事を伝える長田神社、水戸光圀（黄門様の方がよく知られていますね）が建立した「嗚呼忠臣楠子之墓」の碑で有名な湊川神社と伝統格式を誇る三つの大きな神社が篤《あつ》い信仰を集めている。

初詣の人数も三社合わせて例年３００万人を優に超える。初詣から戻ると全国的な知名度を誇る灘五郷の銘酒と共に、近年とみに評価が高まり摩文仁に眠られる島田叡さんにも訪れる度にお供えする神戸ワインが食卓にそろえられ、老若がそれぞれの好みで選んだお酒で杯を掲げる。

沖縄では泡盛でしょうか？　ちなみに「神戸灘の酒による乾杯条例」なるものが制定され、律義な人はその条例を順守しているようだが、私たちは沖縄のシークヮーサーと神戸ワインがコラボレーションして生まれた「シークヮーサーワイン」で杯を掲げる。

初詣を終えた人々は2日から開園するパンダが人気の王子動物園、教科書等で有名なザビエル像、泰西王侯騎馬図等世界でも屈指の南蛮コレクションを蔵する市立博物館を訪ねたり、今では神戸の文化遺産となっている居留地や洋館等で生活を送った外国人が残し多くの市民が楽しんでいる「動の遺産」背山への早朝登山を始める。

この登山は例年11月に行われる全長56キロの六甲山全山縦走の足ならしも兼ねる。お正月の登山は幾つもあるコースを自分の好みで選び連山を横に歩くのではなく、六甲山の南麓から北へ山越えをし、古くから名高い有馬温泉を目指し「金泉・銀泉」と名付けられた名湯を楽しむ。

私たち商店街の者は今年は9、10日に実施する「第8回　ＫＯＢＥ夢・未来号・沖縄」が無事終わり、17日の阪神・淡路大震災の慰霊式を終えてやっとお正月気分に浸る。

激動する沖縄をもっと知りたい、知らなければと、多くの街衆が昨年の百田氏発言の後、沖縄の新聞購読を始めた。現地の実情を知り、自分の事として考え、行動しだした神戸の街衆は初詣で1年間の無事、商店街の繁栄と共に1200キロも離れてはいるが「私たちの美ら島に幸あれ」とも祈っている。

（2016年1月3日）

沖縄平和祈念堂

異民族排斥

8回目となる「KOBE夢・未来号・沖縄」プロジェクトを今年は44人の子どもさんとボランティア、先生など114人で1月9、10日に実施した。天候不順で一喜一憂したが、奇跡的にこの2日だけが晴れ上がり、神戸の大先輩島田叡元知事からの歓迎メッセージかと思われるほどであった。

当日は早朝から久元喜造神戸市長はじめ200人近い見送り、那覇では安慶田光男副知事やミス沖縄など各界の到着ロビーを埋めた皆様の温かな笑顔での出迎えを受けた。美ら海水族館、島田さんが眠られる島守の塔参拝、首里城と充実した2日間だった。昨年から摩文仁に眠られる御霊の慰霊を願いオオゴマダラの放蝶を行っているが、今年はその幼虫をはぐくむホウライカガミを来年の後輩たちのために植栽し、継続、感謝の作業が加わった。

沖縄の方々の優しさ、自然の豊かさ、歴史の深さ、そして島田さんに寄せる敬愛の気持ちを小さな体いっぱいに受け止めての旅だった。帰路の神戸空港では出発時にも増して多くの出迎えを受け、今年も無事に終えた。私は一息つく間もなく目睫《もくしょう》に迫ったドイツの世界最大の眼鏡見本市に旅立ったが、今回は例年になく気の重い出張となった。

かつて日本赤軍の盛んなころはフランス国境の街で終日調べを受けたり、ローマからの車中で所持品を徹底的に調べられるといったアクシデントも経験したが、今回はミュンヘンの駅の閉鎖、ケルンでの暴動など大量の難民受け入れによる社会不安の増大がドイツを覆い、それに伴う排斥運動報道が心を重くしていた。

ドイツの中でも陽気で明るく美しい街並みを誇るミュンヘンにも多数の難民があふれ、テロの情報すら聞こえてくる。闇を切り裁いて飛ぶＡＮＡ７８７の機中では不安と痛ましさで眠れないフライトとなった。厳冬の空港に着いたが、食欲もなく激しい疲労のため、早々に眠りについた。

翌朝、仕事前にどれほど荒廃しているのかと街を歩き、駅にも足を運んだ。どんよりとしたこの季節特有の冬景色の中に拍子抜けするほど、平穏な市民生活があった。不審に思い友人に尋ねてみた。「今ドイツは110万人を超える難民を受け入れ、そのために種々の問題が生じている。心の中は怒りでいっぱいだと思う」。待つ間もなく異口同音返る言葉は穏やかだった。

「微妙な問題。過剰に反応しないこと」。

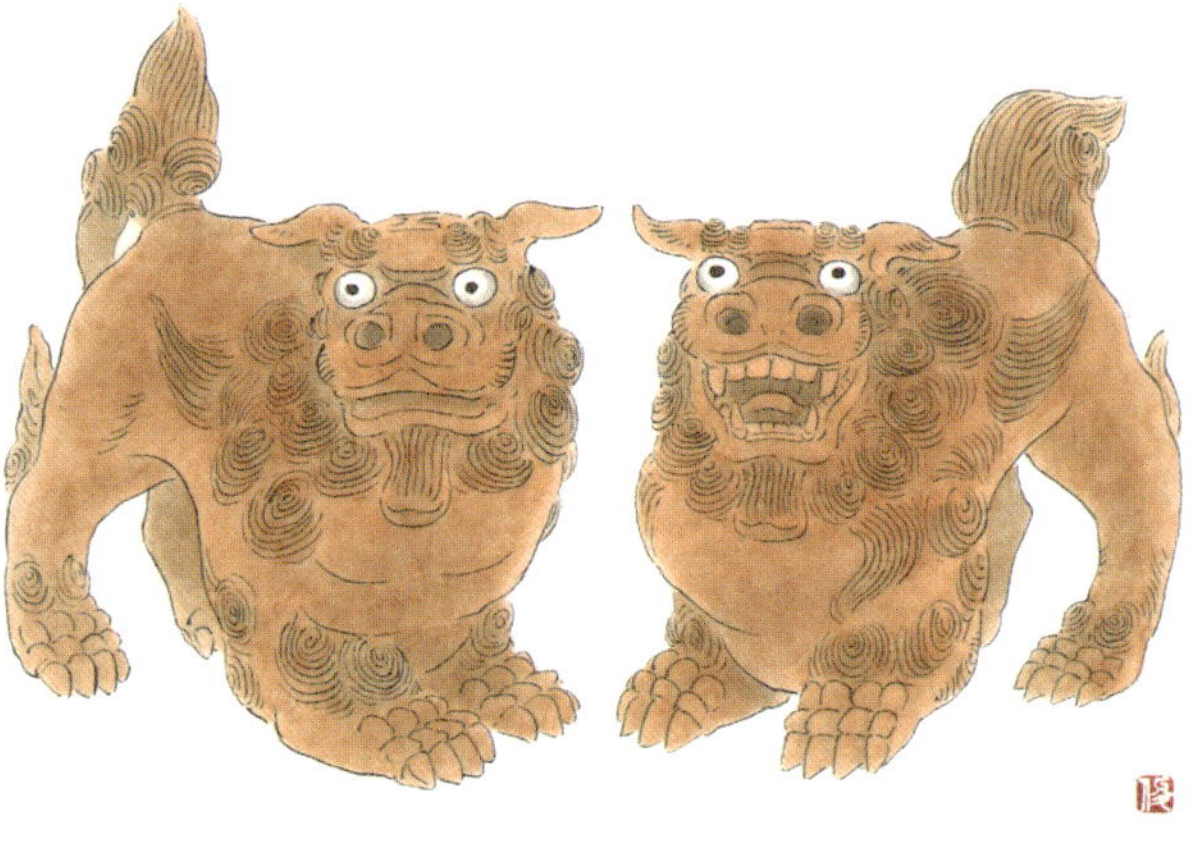

シーサー

ナチの暴虐の教訓から学び、高ぶらないように自らを必死で律しようとする表情がそこにあった。夕食をと思ったが異国で厳しい生活を送る人を思い、暖かな店内に入らず膝掛けの置いてあるレストランの戸外のテラスに座った。フッと今まで気付かなかった文字が街のあちこちにあることに気づいた。「ミットリーベ（愛を持って）」。今、市民・街衆一人一人の民度が問われている。

ウチナーンチュの口ぐせ「イチャリバチョーデー（一度会えば兄弟仲間）」を思い出した。知らない間に積もった膝掛けの上の粉雪を払って冷たくなった「ホットワイン」を飲み干し、席を後にした。冷え切った体に勇気と温かな気持ちがよみがえってきた。

（2016年2月6日）

神戸と沖縄の絆

2008年の晩秋、私は知人のライブを聴くために石垣島の料亭「舟蔵の里」に居た。私たちの街は阪神淡路大震災の後、街をアートで復興させようとストリートミュージアム構想を立ち上げた。その収蔵作品の一つとして翌春に沖縄芸大の元学長大嶺實清さんの「ブルーニライ」とネーミングされたシーサーを収蔵する事になっていた。

「忙中有閑」。日々の家業に加えその式典、歳末、年始への対応等々に目の回る忙しさの中での一日であった。邸内の会場に向かう途中の売店で剛直な酒器が目に飛び込んできた。一瞥《いちべつ》、「後ほどこれをいただきたい」と開始時間を気にしながらお店の方に伝えた。

ライブも終わり、再び訪ねると、店員さんがお伝えしたのだろうか女将さんが購入のお礼に私を待っておられた。「どちらからですか?」と彼女。「神戸です」と伝えるとその表情に微妙な動きが生じた。「お時間があるなら一献差し上げたく思います」「恐縮です」。何の予定も無い旅先の気楽さがドラマの幕を上げた。

友人と共に招かれた部屋で古酒を注いでいただきながら、自らが40年前に本土に学び沖縄に戻るために神戸で乗船したが、「台風接近。全員下船。出港予定不明」との通告を受け、懐中には小銭しか無い心細い身で暗い神戸の街に投げ出された事を話された。若い頃の神戸での想い出を懐かしく話されているのであろうと気楽に私は杯を重ねていた。

女将元村雅子さんの話は続く。神戸の街を歩き疲れ、一軒のソバ屋に入った。不審な態度に気がついた店主から事情を聴かれた後「出港までウチの寮で泊まりなさい。店で働けば良い」との思いがけない言葉をかけられた。その後故郷に戻り家業を継ぎ、以来神戸からの客人には無駄と知りつつも必ずその店主の事を尋ね続けているとの話であった。

一度に酔いも覚めるある直感が働いたが口にはせず深く謝意を述べて席を辞した。帰神後早々にわが街の老舗の親父《おやじ》さんを訪ね事の次第を伝えると間を置いて遠い記憶が鮮やかに甦《よみがえ》って来た。私は翌朝一番に彼女へ電話を入れその節の謝意と式典への招待のみを伝えた。即座に「神戸の震災後が心配なので参ります」との返事をいただいた。

明けて4月、大嶺先生ご夫妻にも出席していただいた式典会場に八重山の着物に身を包んだ彼女の姿があった。式の挨拶《あいさつ》の中で私はニライカナイの伝説と石垣島での話を披露した。そして雅子さんと親父さんに登壇をうながし「あなたが探していた親父さんです」と紹介した。一瞬ポカンとした時間が流れた後大きな拍手とカチャーシーが街に響きわたり、笑顔と踊りの渦がわき起こった。

戦前の島田叡さん、戦後の親父さんたち、それぞれの世代が沖縄の方々を「大切な人」として接して来た神戸気質を私たちも引き継ぎ、お互いに尊敬の気持ちを持って兄弟、姉妹としての絆を強めていきたいと願っている。今私の傍らで石垣島での出会いを作ってくれた國吉清尚さんの酒器が「早く終わって一杯飲《や》ろうよ」と沖縄の皆さんへの想いを綴《つづ》る私の手許《てもと》を見つめている。

（2016年3月7日）

国際通り

若者への助言

ドイツに中世から続く「マイスター制度」がある。私の家業は1932年（昭和7年）に創業した眼鏡店だ。大学を卒業し、2代目を継ぐ時は高度成長の最中で、大型チェーン店が破竹の勢いで伸長拡大していた時代だった。私は小さくとも技術と伝統の中から受け継いで来ているお客様との絆を大切にする「家業の専門店」として生き残りたいと考えた。

そんな模索の日々の中、ドイツに「マイスター」という専門職の制度がある事を知ったが、当時それに関する資料は全くなく、とにかく「ドイツ」と書名のある料理から音楽まであらゆるジャンルの本を読むという日々だった。

ある日NHKから出版された「西ドイツ」という本を発売当日に手にし、急いで開いてみると「マイスター制度」、それも眼鏡についての記述が目に飛びこんで来た。早速無謀にも一面識も無い著者を当時内幸町に在ったNHKに訪ねいろいろとお話をうかがった。

今でも冷や汗が出るが、当時の必死の想いと熱意がそんな乱暴な事を許して下さったのだと思う。ご親切にいろいろとお話をして下さったが、一言「ドイツでもドクター・プロフェッサーと並び3大タイトルとしてあこがれの対象でありその取得にはほぼ10年かかる。二度試験に失敗すれば適性が無いとして受検資格を失う。この資格取得は日本人には不可能に近いと思いますよ」と厳しいアドバイスをいただいた。

当時私は店が市街地改造計画の対象となっており、20代で父に代わって担当していたので、身動きが取れず二つ年下の弟にドイツでの研修を託した。「マイスター制度」とは単なる技術修得のシステムではなく国の教育制度の一端にも位置する。

レアリンク（見習い）、ゲゼレ（熟練技師）と試験を重ね、最後の国家試験が終わった後にいよいよ中世からのギルドの流れをくむ手工業会議所主催のマイスター試験が行われる。この試験に合格しなければ国家試験合格の意味はなく、したがって開業も許されない。ユーザーに対する責任を全うするための厳しい実技、筆記試験は勿論《もちろん》であるが、私は最終に行われる口頭試問に感動すら覚える。

1979年に日本人として初めての眼鏡マイスター試験に合格した弟の場合は「あなたの店のレアリンクの若者が麻薬患者になった。それに対しどのような指導を行うか?」であり、2005年に二人目のマイスターとなった私の長男の時は、全ての試問を終えた後「今、答えたマイスターとしての心がまえ、教育方針をもう一度日本語で話してほしい」というものだった。

日本語を理解出来ない試験官が何故そのような事を尋ねたのだろうか? 彼らの答えはこうだった。「貴方はドイツで開業するのでは無い。日本に戻った時に指導者としてどのような風格、態度で語るかを見極めたかった」と。「宵越しの金は持たない!」の日本の昔の職人意識と比べ明確に彼我の差をこのような場面で実感する。

有名大学進学ばかりを目指すのではなく、それぞれの能力、適性に合った深く大きな世界が在る事を次世代の若者、子どもさん達に示して行く事も私たちの使命と考えている。新年度にあたり進取の気性に富んだ沖縄の若者が種々の分野のマイスター取得に挑戦する事を期待している。

（2016年4月2日）

石彫の獅子

熊本地震

1月の「夢・未来号」実施・成功のご協力に対し、毎回神戸の街衆・関係者が沖縄を訪問し「感謝の夕べ」を開催している。今回も4月19日に神戸からは岡口憲義神戸副市長を始め、前回を上回る145人が、沖縄からは安慶田光男副知事、担当された歴代の副知事、城間幹子那覇市長、各界の皆さま100人が一堂に集い、お礼を申し上げると共に沖縄・神戸の絆をより深める一刻を持った。

その準備に追われていた最中の4月14日夜、熊本地方で大地震が発生した。21年前に受けた試練を思い出し、彼地《かのち》の方々の恐怖を想い、まんじりともせず朝を迎えた。すぐに連絡をと思ったが、私たちの被災の時、次々にかかる電話対応に追われた事を思い出し、熊本にご縁の深い方に回線を空けておくべしと、メールにて「往復はがきを送る。安否、必要な支援をなぐり書きで良いので書いて投函《とうかん》してください」と伝えた。

次々に報道される惨状を聞きながら、15日に協議会の緊急理事会を招集し、「冷静に熱く迅速な対応を！」とメンバーに呼びかけお見舞い金、お見舞い義援金の募集タペストリー、各店舗への募金箱の設置を決定した。日付の変わった16日深夜、本震が再度熊本を襲い、続発する余震に19日の「夕べ」の実施も再考しなければと悲痛な気持ちになった。

その時「人生つらい事、苦しい事が次々に起きる。どうしよう？ と考えたら負け。瞬時に受けて立て。一歩前に踏み出せ」との父の生前の言葉が浮かんできた。「こんな時だから、親戚とも思う沖縄の皆さんと一緒に連帯の気持ちを熊本に届けよう。沖縄に行って呼びかけよう」と心が決まり楽になった。

19日の早朝全員が集合した神戸空港で搭乗を前に「今回の試練に沖縄の皆さんと手

を携え、戦いを挑みたい」と呼びかけた。「夕べ」の会場で沖縄の皆さんにもまっ先にその事を伝え、神戸から用意して来た募金箱を回し、大きな賛同を得た。このような非常時には交通網の整備がなされ、大量輸送機関の再開までは一般人、車は被災地に入らず、復興支援の専門分野の人々のために空けておくべしと神戸の震災で学んだ私たちは東北の時も物・品は送らず「お金」での支援に全力を傾注した。

今回も23日の新幹線の熊本への便が再開されるのを待ち、即エネルギーになり、自然素材のパッケージでゴミにならない「赤福餅」50箱、マスク3千枚を相手の対応の負担も考え、人員は最低の2人、日帰りで熊本県教育委員会、熊本国税局に運び込んだ。被災者を支え支援する行政・公務員の方々も同じく被災者であり、自宅が家族が傷ついている。

しかし彼らは空腹であっても寒くてもそれを決して口には出来ない立場である。その現状を理解し、まなざしを注ぐ人がいなければ早晩機能しなくなり、かえって復興・復旧を遅らせてしまう。最も大切な罹災《りさい》証明発行の遅延などはその一例だと思う。
私は島守の塔の県職員の殉職者碑に同じ気持ちを抱く。島田叡さんと共に県民のために自らの家庭、人生を捨てて今この地に眠る人々が公とはかくあるべしと崇高な生き方を貫き、その姿勢を後生に示し続けている。

（2016年5月7日）

舞う

芸術の力

いつも沖縄を訪ねる時はスケジュールに追われ慌ただしい時間が流れて行くが、すでに真夏を思わせる陽差しの中、久しぶりに沖縄県立美術館を訪ねた。

友人との待ちあわせまでしばらくの間、ぼんやり道行く人を眺めながら、昨春長崎で開催された隠れキリシタン発見150年を記念した特別展で多くの遺品を鑑賞後、那覇に入り開催中であった大城弘明・山城博明さんの写真展を観た時の事を思い出していた。

廃屋、基地等の心を揺さぶる名作の中で、特に私はハヂチ（刺青）の作品群の前で突然長崎の記憶が甦《よみがえ》って来た。禁じられても押さえる事が出来ない「祈り」への素朴で強い意志を持った美しさに心を打たれ、畏敬の念すら覚えた。

21年前の阪神淡路大震災で被災した私たちは、街を甦らせ不幸にして犠牲になられた方々への祈りをこめてストリートミュージアム構想を掲げ、商店街の路面に各地を代表する作家の作品を収蔵して鑑賞に供して来た。このストリートミュージアムは、商店街の路面に孔《あな》を穿《うが》ち表面を強化ガラスで覆った収蔵スペースで、終日ライトアップされている。

ここに収蔵されている作品群はその素材が全て聖なる大地から供されている。ガラス・ブロンズ・木彫・陶磁器等々に、類い稀《まれ》な才を持ったアーティストのイメージ、表現が加わり、再び作品として大地に戻される。私は作品群をみる度にナスカの地上絵を想い、平面からは見えない絵を天上の神々に捧げた古代の人々と同じアーティストの強い祈りを感じる。

通常、作品は正面、側面等から鑑賞されるが、このミュージアムの作品群は歩行者の足許《あしもと》に設置されている。作品の依頼に先生方のアトリエをお訪ねすると、上部からの鑑賞という発想を新鮮に感じていただき、創作への意欲を強く持たれる。毎年一体ずつ収蔵しているが、それぞれの作品に作者の方々からメッセージをいただき、お名前と共に、そのご出身地あるいはご自分の心の拠《よ》り所とされる地名が和文・英文でプレートに刻み込まれている。

観光に、ショッピングに神戸を訪れ、私たちの街を散策される方々が足下にご自分の縁《えにし》の地名を発見して興味を示され嬉しそうな表情をされる場面に出会うと交流という言葉も実感し、大きな喜びを感じる。収蔵される作品の選定は、企画

夏の庭

会社、有識者による審議会等ではなく、街の者の感性で決定され、作品の依頼から設置、管理もすべて街が行っている。

すでに沖縄からは県立芸術大学元学長の大嶺實清先生の巨大なシーサーの頭部が「ブルーニライ」「ホワイトカナイ」として2体東西の入り口に存在感を放っている。基本的に各地から一名ずつの作者にお願いしているが、来年2017年春には、沖縄と神戸の永い歴史に想いを馳《は》せ、特別枠として、作品がもう一つ収蔵される。

先般没後12年を迎え「土と炎に生きた魂の軌跡」として大規模な回顧展が沖縄県立美術館で開かれた鬼才、國吉清尚さんの作品である。早くも準備が始まり、彼の作品が神戸を訪ねられる沖縄の方々とお目にかかる日を待っている。

（2016年6月4日）

「アロハ・オエ」

昨夏突然に「コラムを書きませんか」とお話があり、1年が経ちました。神戸ではなく沖縄でのお申し出に驚きましたが、ご縁があってこの10年間何度も訪ね、特有の文化、歴史を持つこの島の奥深さに気付き、教えられ、魅せられてきた私が長い沖縄と神戸の交流に想いを馳せ、感じた事を素直に表現する事も少しは意味が有るかな？と思いながら綴って参りました。

歳月の流れる速さを思いますが「速い」と言えば5年前に初めて参加させていただいたウチナーンチュ大会が今秋に迫って来ました。世界中で活躍されている県出身の方々がそれぞれ根付かれた国の民族衣装で帰郷され、那覇の街に溢れかえる様は外国の方々を見慣れているはずの私にとっても新鮮でエネルギーに圧倒されました。

　中でもハワイは沖縄県・那覇市との姉妹提携が成され、県出身者の各界での活躍も多くの方々の知るところです。私が最後の原稿に向かう時、最初に浮かんだ言葉はハワイの産んだ名曲で、別れの歌として知られている「アロハ・オエ」でした。30年前のフィリピンのクーデターでマラカニアン宮殿を脱出する前に病醜のマルコス大統領がイメルダ夫人と共にバルコニーで独裁者特有の権力への執着を現しながら歌っていた姿を想い出します。

　沖縄に関わりを持ち出してから私はこの歌が1879年にハワイ王朝の第8代女帝リリウオカラニによって作られた事を知り、深い感銘を受けました。彼女がオアフ島北部の牧場に部下の大佐と出向き、夕刻ホノルルのイオラニ宮殿に戻ろうとした時に一瞬垣間見た大佐と土地の娘さんとの切ない別れの抱擁に心を動かされ、帰路の馬上で即興で作られたと伝えられています。

　愛する人との別れに託しながら彼女が滅びていく祖国、王朝の文化、伝統、風習に限り無い悲しみと慈しみを籠めて歌いあげた挽歌でもあったのです。距離を隔てる事7500キロメートルの琉球に於いても時を同じくして琉球処分により王国が滅亡していき第二次世界大戦を経て今日に至る苦闘の歴史を刻んで来ました。

　私は今回の与えられた機会を通じ、本土の周辺に位置する小さな島ではなく、万国津梁の自負を持ち、東南アジアの中心として誇り高く在りながら滅亡していった王国の残影と、ハワイや神戸との交流、絆を再認識する事が出来ました。バジル・ホールが19世紀の初め「朝鮮琉球航海記」に記し

鼓動

たように「温厚、正直な」ウチナーンチュが、今次の大戦で完膚無きまでに磨り潰されていった琉球沖縄の良質なＤＮＡを僅かに残された痕跡からも掬い上げ、拡げ、再び東南アジアのみならず世界の中心として雄飛する事を願っています。

私は本土とは全く違った条件の許で次々に生じる理不尽な出来事に対しいつも後漢書に記された「疾風に勁草を知る」の言葉を念誦します。コラムを書き出してから、あちらこちらで未見の方々から「読んでいますよ」とお言葉をいただきます。私がこの畏愛する島をもっと識《し》るために、街角でお逢いしたらお声掛け下さい。そして色々とご教示下さい。心を籠めて愛する方々へ「アロハ・オエ」。またおめにかかりたいと願っています。

（２０１６年７月２日）

ひと創り街創り　そして沖縄への想い

本章は２０１４年９月25日（木）に開催された第５０２回　沖縄政経懇話会21*（於ロワジールホテル＆スパタワー那覇　天妃の間）での講演をまとめたものである。

＊**沖縄政経懇話会21**　沖縄県内政財界のリーダーを中心にした会員制組織。会長は沖縄タイムス社社長が務めている。１９６８年６月に「沖縄政経懇話会」として設立、２００５年に現在の名称に改称。沖縄県内では最も古い懇話会の一つ。毎年１～11月の月１回、那覇市内のホテルで昼食付きの講演会を開催、講演を通して内外の深い時局認識を図りながら、会員相互の交流を目的としている。２０１７年末までの講演者数は５３８人（特別講演含む）に上る。

ただいまご紹介をいただきました久利でございます。２０１１年1月19日に美ら島沖縄大使を任命されまして、去年は20回ぐらい沖縄へ参りましたときに教えていただいた言葉が、イチャリバチョーデーという言葉です。最初に沖縄へ参りもとお話しすることが専門ではございませんので、皆さんにもそういう気持ちでお許しいただいて、兄弟、親戚が話しているなというような形でお聞きいただければありがたいかなと思います。

２０１１年に、私を大変お引き立て下さった前沖縄県副知事の安里カツ子さんからいただいたかりゆしウエアを、きょうは着て参りました。カツ子さんが一緒にここで聞いていただいているような気持ちで、私たちが沖縄の皆さん方とご縁を持ってどんなプロジェクトを進めていったか、あるいは街創りをどういう形でやっていったか、多少でもお役に立てればと思って、皆さんのお耳を汚すことになりますが、どうぞよろしくお願いいたします。

郵便局誘致で街が結束

それでは、「ひと街創り協議会」という形でタイトルはなっていますが、まず私達がどういう街にいるのかというロケーションと組織をご紹介したいと思います。

皆さんご存じのように、神戸は非常にわかりやすい土地になっておりまして、右下のところに羅針盤のようなものが出ておりますが、北が山、それから海のほうが南ということで、我々神戸の人間はどこを訪ねましても山を見るとすぐ北だなと思って、海を見るとすぐ南だなと思ってしまうのですが、まさしくそういう南北に狭いところにできた街です。

ちょっとご覧になりにくいのですが、この中（次頁画像）の赤で囲んだ部分が、15団体で構成するひと街創り協議会が存在する場所です。「さんちか」という地下街が真ん中にありますが、その頭上（ブルーの部分）が神戸のシンボルゾーンで、北へす

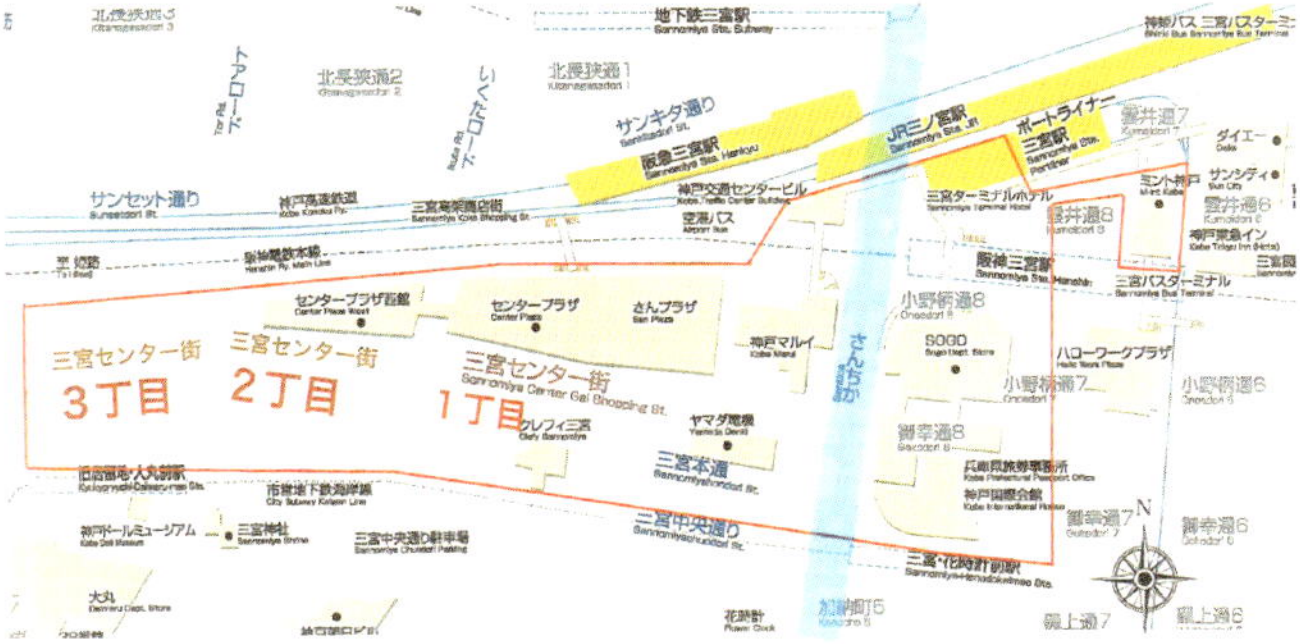

ーっと抜けていく。さっきの大きな図で見ると、南のほうを真っすぐ行きますとフェリーのターミナルがありまして、沖縄とも路線が結ばれていますが、そこから真っすぐ北へ上がっていきます。あの「さんちか」のところが「フラワーロード」といいます。そこを中心としまして、ＪＲのターミナルビルとか、あるいはそごう、国際会館、それから我々が存在します三宮センター街、こういうところが点在しています。この15団体で一つの街を形成しています。

神戸で街創り協議会ができるのはここが一番遅かったんです。というのは、戦後いろいろありまして、獅子文六さんの『箱根山』のように、あの親父がいるのなら嫌、この女房がいるところは嫌いということで、それぞれ実力者がここに乱立いたしまして、なかなかまとまらなかったんです。ところがそれを簡単にまとめることができましたのは、郵便局の誘致運動をやろうということでした。一番右端の神戸国際会館のところに郵便局がありまして、それからずっと抜けていって左端の元町に行くまで郵便局はなかったんです。観光客の方々がお越しになってお金を下ろしたりするのに非常に不便であるということで郵便局の誘致運動を行いました。

そのときはちょうど小泉さんの郵政改革のときで、新しく設置などとんでもない、集約していこうとしているのにどういうことだということで実現出来ませんでした。しかし、みんなで署名運動までしたことで初めて街がまとまったんです。それをそのまま解散してしまうのはもったいないなということで、私がこういう形でやったらどうか提案して一挙に話がまとまり15の構成団体で組織されました。

街の中に自主防衛組織

そこで次に街創りの基本的なことはどうするのかという問題が起こってきました。最初のコンセプトというのは大事だなと思ったのですが、行政の方がいらっしゃると大変失礼な言い方になるんですが、まず行政に頼らないということです。それから議員の先生方のお力もお借りしない。自分達の街の事は自分達で考え実行する。自治をどうするのかということですね。そこが我々の一番大事なところじゃないかなと考えました。

その中で、例えばこの三宮センター街の中で、阪神・淡路大震災の後、すぐに大変な問題が起こりました。こちらの戦災でもそうだったと思いますが、建物が直っていくのはわりと簡単だったのです。でも、人の心の荒廃を治すのが一番時間がかかるんです。神戸でもそうだったんです。なぜかといいますと、例えば逆走してはいけない一方通行の道を逆走しなければ目的地へ行けないんですね。震災前、神戸はいろんな調査では一番住みたい街だったんです。それが惨憺たる有り様になりました。ここにいます、ここに住んでいます、ここへ移りましたという告知のビラだらけです。

震災のときは、とにかくがれきを処理していかなければいけない。どこに捨てたらいい、どういうものを分別したらいいとか、それどころじゃないんです。法規を守っていたらやっていけないという状況で、建物は再建されてもモラル、心の部分に非常に大きな問題が起こってきたんです。

それを自分たちの力でどういう具合にしていくのかということですが、これが三宮センター街1丁目、2丁目、3丁目です。この通りが神戸の一番のメインストリートの部分ですね。ここのところで最初に出てきた問題は何かというと、キャッチセールスとビラ配りです。すさまじい勢いで黒服と言われるあの連中がいっぱい来ましたね。どういう形でやるかというと、「ちょっと彼女、ネイルアートをやらないか」、あるいは「化粧品を買わないか」、あるいはもっとひどくなると「風俗で働かないか」

という。ちょっとお父さん・恋人と待ち合わせて街角で1分、2分立っていますとわあーっと寄ってくる。そうすると、当然、お客さんも立ち止まってウィンドウを見るどころじゃないですね。どんどん歩いていってしまわれます。場合によれば「もうあそこで待ち合わせは嫌です。歩きたくもない」という形になります。

これは警察に言っても、警察は「彼が殴りましたか」、あるいは「不当なものを売りましたか」というところから始まります。行政もただ立って声をかけるだけでは対応は出来ないという現実でした。どうも無理だなと考え、そこで防衛体制をつくろうということで、「P・O・B」という組織と話しました。

これは当時、神戸のほうで山口組の宅見若頭が射殺された事件があったんですね。あのときにちょうど捜査本部にいた課長と知り合いだったんです。そこで彼に今までの経過を話しました。実はこういうことがあるのでどうだろうかと、その前に行政と警察と街の人たちが集まってこれをどういう具合に排除しようかと会議を何度もしたんです。でもこれは難しいよねと、警察手帳を見せなければ取り締まりもできないし、ただ立っているだけでは無理だと。何度もこの件について会議を開いたと詳細に伝えました。私は理事長をしていましたが出来るだけ多くの方々の意見を聞こうと思ってオブザーバーのような立場でただ座って聞いていました。若い人たちからも沢山の意見が出ましたが、なかなか前へ進まない。やくざ同士なら向こうへ何百万持っていってここをやめてくれという話はできるけど、我々はそういう形はできない。ちょうどその当時、原流会という空手のグループがありまして、これは兵庫県警の暴力団対策課のメンバーが中心となってやっているんですが、私はそこの顧問をやっていたので、そこの仲間の森川さんという方がちょうどリタイアしていました。先ほど申しました現職の課長も私の原流会の仲間ですから、会いに行ったんです。

こういう震災後の不安定な街の警備をやっていってほしいんだけれどもどうだろうかと言うと、ちょっと考えさせてくれと、今までそういう経験は一度もないと。諸先輩方とも相談してみるということだったんですけど、「久利さんこれは非常に難しい。警察手帳を見せないでやるのは無理だと思う」ということでした。それでも、そこをなんとかならないかというような話を粘り強く説得して、やっと見積もり書を出してもらったのです。これでどうでしょうかと聞かれまして、うまくいけば安いでしょうし、失敗すれば高いと思いますと、即座にお願いして取り締まりが始まりました。当初は大変なご苦労をおかけしたと思いますが、徐々に成果をあげていきました。その事は後日夕刊フジ、それから次は朝日新聞に載りました。警察を退職したメンバーを中心として動き出し、組織したのが前述しました「P・O・B」だったのです。その後常にこういうスタッフが街の中を警備しています。

今の商店街というのはほとんど女性が中心になって働いています。それもスタッフの余裕を持って働いていないんですね。例えば3人でやるところでも、ぎりぎり2人でやっています。だからそういうところへ不当要求とかきますと非常に困るわけですね。そこで、まず街に新しいテナントが入ってきたときにどういう話をするかというと、今の私たちの街のあり方、それから今までの街のあり方、これからの街のあり方、これを正副理事長でオリエンテーションをやりまして、新しく入居するテナント、それからオーナーさん、紹介者の不動産屋さん、そういう方々にお越しいただいて、一緒に話をします。ケネディが言ったように、何をしてもらうかではなく、あなたは街に何をすることができるのかということを皆さんにしっかり話していく。その代わり、街は何をできるのかというと、もし不当要求が出てくれば、絶対店頭で謝らないようにしてほしいとお願いします。「ちょっと待ってください、専門の人間が参りますのでそこでお話しさせていただきましょう」というように言って、後は専門の人間が対応すると説明します。このスタイルが定着して今はそういう連中はほとんどいません。ほとんどというか、もう全くいないです。

これはビラ配りも同じです。ビラ配りをされると、やはり街にごみが散乱していくんですね。それをどう取り締まるのか。だから街が許可したものしか配らせないようにしました。こうした警備、管理に関する費用は、行政にお金を出してくれ、なんとかしてくれではなくて、私たちの街では環境整備費という形で各テナント・オーナーから徴収しています。そういう事を目に見える形でやっていかなければいけない。だから最初、オリエンテーションのときに、三宮センター街というのは冠たる商店街だと思われていて坪何千万円と評価されたりしていますが実質は一軒長屋ですよ、だからこういう活動のことをお互い同士、自分のこととして知っていかなければいけないんだと、皆さん方に話しています。あるお店で不審な態度の人が来ていて何か変だなと感じたら、ちょっとタイミングを外す意味で、「元気？」とか言って店内へ入っていってあげてください、あなたもまたそういう形でかかわってやってほしいというようによく話をします。

自ら動く　掃除で実践

それから掃除なども毎月の第3火曜日の9時半から集まり行います。これももう30年近くなりますが、自主的にやっていますね。私は皆さん方に強制は一切しない。そして街創りの中でも、一番当初のときは全てにおいて規則をつくらなかったんです。

行政へ講師の派遣依頼をすると、どういう目的なのか、どういう構成団体なのか、どういうメンバーなのかという書類を出さなければいけないのでつくりましたけど、私はできるだけ規則はつくらないでおこうと思っています。行政でも条例や法律はできるだけつくらない方がよいと思っていますなぜですかとよく聞かれるんですが、法をつくっていく、条例をつくっていく、そしてそれをますます厳しくしていく、そういうことは人に対する不信と絶望の表れじゃないかと思うんですね。法律なんかではなく、そんなこと言うまでもないだろうという当たり前のこととして進めていきたいと思ってやっています。だから掃除もみんな三々五々に9時半に集まってきます。そして終わったあるいは仕事の時間になると各自が判断してまた、三々五々に散っていきます。どんどん新しい人が参加してくれています。そして今は街の中はピカピカです。ゴミはもちろん路面に落ちていなし、ガムの跡ひとつないですね。

私のところへ「理事長こんな企画があるんです。こんな相談があります」と来る人に必ず言うんです。ごみひとつ拾って持ってきてほしい、ごみひとつ持って帰ってほしい。そして歩いているときに、ちょっとそこのごみを拾ってくれないですかと言う。私は司馬遼太郎さんはジャーナリスト出身の方で時代に合った非常に感性のいい鋭い表現をされた方だと思うのですが、「風景」という言葉をよく使われるんですね。それは何かというと、我々がごみを拾ったところで一日何トンも拾えないです。だけど1カ月に一度、1年間に12回、それを10年続けると120回になりますよね。毎日毎日、通勤で歩いている方がそれを見ると、あそこの商店街はいつもやっているよというような話が広がっていきます。1回目だったら何も気がつかないかもしれない。しかし2回目、また歩いていくと今度は女の子が拾ってお店に入っていった。3回目、何かご飯食べて帰ってきた子がまた拾っている。そんな「風景」を目にされた方々は、この街の人達は少し違うなと感じて下さる、そういう形になるんじゃないですかということを私は言うんです。

だから自分達の街は自分達で守る創ると言うのは簡単なんですが、いざどうするのか、具体的にそれを示していけば、それがだんだん街の伝統になっていく。そういう

「風景」を見てもらうということですね。

とても嬉しかったことがあるんです。私は眼鏡屋をやっておりますが、ある年の3月の末ぐらいでしたか、朝早く一人のお客様が眼鏡を買いにお越しになったんです。私がいらっしゃいませと申し上げると、ご主人ですかと言われたんです。実は私、長い間、この前を通って通勤していた者です。私は眼鏡が要るからあなたのお店に来たんですが、あなたのお店は毎朝決まった時間に、台風であろうとゼネストだろうと、きちっと休まず看板を毎日拭いておられますね、商店街の方もよくごみを拾っておられますねと、こういう街のお店で眼鏡を最後に買って退職の記念にしたいと思いましたと言われたんです。嬉しく思いましたね。

後ほどご紹介いたしますが、私の店の仕事の中心になるコンセプトは、ドイツのマイスター制度でその精神を礎にして眼鏡屋をやっています。マイスターを生み出したドイツの掃除の仕方は例えばネコの置物が置いてある机の上を拭くだけではなく、そのネコ足の裏も拭く、そんなやりかたです。だから私は掃除の日に全員を集合させて挨拶しないのです。まず理事長が朝一番に、きょうはこういう目的で街を清掃していきましょう、というようなことは一切言わないです。それを言うことは恥ずかしいことだと思っています。だから神戸市の人達にも、きょうは全市挙げてごみの日というのは恥ずかしいことですよと、もしそういうことをよその都市がやっていれば、どうしてそんなことをされるのですかと言える街になっていかないといけないねと。

家でいえば、きょう大掃除をしますと言うことは恥ずかしいですよと。いつも少しずつ絶え間なくやっているからやる必要がないわけですね。そういうことを自分たちの気持ちの中で持っていかなければいけないんじゃないかなと思っています。だから街の人たちがそういうことを少しずつ少しずつ理解していってくれて今があります。それは実践しかないですね。

「ひと」を入れた街創りを

１９９５年1月17日早朝5時46分に突如として生じた大震災により、神戸は厳しい試練を受けました。そして皆さん方のお力も随分いただきました。おかげさまで復興してまいりました。その後の２００６年2月16日に神戸空港が開港するのですが、そこで開港記念のイベントをしようじゃないかという話が持ち上がりました。私はそのときに、５００人の方を沖縄へご招待しようと提案しました。想像もつかないような戦災を経験した沖縄から、震災の地へと遠くからたくさんの方々が駆けつけて下さり、物心両面の大量、迅速な支援をして下さいました。だからそこへ神戸市民の方々をご案内して、沖縄を代表して沖縄県知事に、那覇市長に、市民の方々の代表として兵庫県知事、神戸市長から感謝のメッセージをお届けする。これは物見遊山の旅ではないんです。神戸空港が一番にやらなければいけないことは、そういうデレゲーション（代表団）を派遣することですと説いて５００人の市民の方々を抽選でお選びして沖縄にご招待しました。「神戸空港からの出発　プレゼント５００」という企画でした。これが私達の神戸空港のスタートでした。

この後、２００７年に神戸空港がちょうど1年たったので、またイベントをしようということになりまして、私のところへ商工会議所のほうから相談がきたんです。私は、そのときに関空はどうしたんですかと尋ねたんです。関空をオープンさせるについて随分お力のあった方々を乗せて上を遊覧飛行しましたということでした。神戸はそれと違うんじゃないですかと申し上げたんです。やはりこれからの神戸を背負っていく子どもさん達に、鳥の目で復興に向けて全力を傾けている我が街はどうなっているのかということを見てもらう責任・必要があると思いますということで、全日空さんのご協力を得て、神戸から岡山、それから四国のエリアを約40分ほど飛んでもらったんです。

写真（その時の遊覧飛行を写真入りで報じた新聞各紙）を見ていただいておわかり

のように、この機内の写真は非常に不自然な写真なんですよ。子どもさんの喜んでいる顔はひとつも写っていないです。後で申し上げますが、これが実情なんです。顔が写せないんです。

ちょっと余談になりますけど、神戸空港から一番機を飛ばすときも、私のところにも乗らないかという話がきたんです。乗りません、一番機に乗るのは、そこにいる人ではなくてお客様ですと、お客様方に乗っていただかなければいけないのではないでしょうかということを申し上げたんです。このフライトの時も私は裏方なので乗る気はなかったのですが、市長にも来ていただく事になったので、だれか説明役を入れなければいけないということで一緒に乗ったんです。

フライトは大成功でした。ちょうど太陽の中に飛行機が入ってグロッケン現象が起こり、ばあっーと虹のようになったんですね。大歓声があがりました。私は神戸空港へ着陸する途中、それまでは「ＫＯＢＥ三宮・街創り協議会」だったのですが、ここに「ひと」を入れたいんですと隣の矢田立郎市長に提案しました。「ひと・街創り協議会」と改称したいのですと伝えました。神戸は今回の地震で財源的にも苦しくお金がない、だから建物をつくる、イベントを催す力はないですね。だから我々は何をしなければいけないかというと、傾いた家の中から、古い服でも清潔なシャツを着た子どもさんが、ちゃんと「おはようございます」と挨拶をする、そういう街を創っていきましょうよ、だから「ひと・街創り協議会」にしようと言いました。ここに公園をつくろう、ここのところに溝をつくろう、利権調整はこういう具合にしようと、行政の方々も来て、一応、話はした、ガス抜きはしたと。三宮の街作り協議会はそんなことだけをやる組織であってはいけない。まず大切なのは人です。だから人を創っていきましょうということです。この間、みんなが冗談を言って、今度、石破さんがそういうもの（地方創生担当大臣）に就任したねって、うちのほうが早く進んでいたねと言っていました。

だからその当時、都市計画局長にこういう名前に変更したいんですと言ったら、全国でそういう名称は無いよねと言われたんです。なくてもやるんですということで、今の「ひと街創り協議会」ができたんです。

話は戻りますが第1回のフライトがそんな訳で大成功して着陸しました。そしてみんなから良かった良かった大成功と言っていただいたときに、私は内心、忸怩たるものがあったんです。また罪をつくってしまったなと思った。なぜかというと、このときは5年生、6年生の神戸市内の養護施設の子どもさん達全員を乗せました。そして降りてきたときに、成功、成功という拍手の中で、また余計なことをしてしまったと思ったのは、これに漏れた4年生、3年生、2年生、1年生の子どもさん達はどう思ったのかな、えらいことをやってしまったなと。乗れなかった子どもさんに僕は運が悪いんだと思わせなかったかな、そういうことをしてはいけないなと思って、何かしなければと思い続けていて、ある時沖縄へ来たんです。

その時、ここの会場にお越しの吉戸直さんに美ら海水族館に連れていっていただきました。美ら海水族館の大水槽は世界に誇るものだと思いますが、初めてあれを見て、ああすごいなと、こういうところへ子どもさんを連れてきてやりたいなと思いました。そして何よりも人工尾びれを着けたフジですね。フジを見たときに、子どもさん達にフジを見せなければいけないなと思ったんです。私はそのときはまだよく知らなかったのですが、帰ってからフジのことを勉強したんです。飼育員の方々の熱意と、人工尾びれを開発したブリヂストンの技術力、何よりもフジの賢さですね。これがあの奇跡を生んだと思うんです。私はビデオで見せていただいたときに知ったのですが、飛ぶと1トンの水圧が尾びれにかかるらしいのですが、一度か二度失敗してばーんとプラスチックかゴムかでつくられている人工尾びれが折れて、それでフジの尾びれが切れて血がサーッとプールに散りました。そしたらやはり反対の飼育員の方もいらっしゃって、もうやめよう、こういうことはしないでおこうと言ったけど、何人かの方が、やらなければこのままではフジは死んでしまうということで、フジにもう一度ということで、フジをラグーンのところへ呼ぶと、付けてくれと寄ってきた。私は子どもさん達に、大人達は君達のために一生懸命やる、しかし、最後はフジのように君自身の力だということをわかってほしいと思って、ここへ連れてこなければいけないなと思ったんです。

それで、次の年の11月ごろでしたか、6年生になり、卒業を目前にした子どもさん全員を連れていかなければいけない、今年はこの中のこの学園の子どもさん、来年はこの学園の子どもさんということを言ってはまた不公平が起こるから全員を連れていこうと思いました。しかしそれにしても幾ら費用がかかるかもわからないからいろいろ考えていたんです。教育委員会に問い合わせてみますと、フローはあるけども、大体年間50人ぐらいじゃないでしょうかということを言われたんです。即座にやろうと思いました。

それは、私はこの子どもさん達とかかわるときに、非常に大きな役割があるなと思ったのです。両親がいる、あるいは1人でも親がいるというと、親の言葉は非常に重たいと思います。例えば沖縄の最後の官選知事として今でも沖縄の方々に尊敬されている島田叡《あきら》さんの言葉は、赴任して自決までたった6カ月ですが「言霊」というものがあったと思うんです。だから私は、これをやるときから、特に自分の辞書の中からリップサービスというのはなくそうと思ったんです。言えば必ずやる。そういう言葉の重さというか、言葉の魂というのは、子どもさんはそれをすごく敏感に一度に見抜くんです。だから僕は50人の子どもさんならやろうと思ったんです。誰も賛同しなくても1人でもすすめようと思った。

それは何かというと、父親が私にこういうことを言ったんです。「計一、論語にこういう言葉があるんだ。徳は孤ならず必ず隣あり。1人でも正しい事をやっていたら必ず人はついてくる。やってみることや。それから、人生でややこしいこと、問題のあること、面倒くさいことといっぱい起こってくる。そのときに困ったと思っただけで一歩引いてしまってはだめだから、上等やと思って前へ出ろ、言うことは言う、1人でもする。覚悟をもて」と。

久利さん、それは具体的にどういうことですかと聞かれると、笑い話をしながら、「網走番外地」の最後の場面ですよと言うんですね。僕は昭和22年生まれですから、高倉健や鶴田浩二が出る任侠映画をよく見ました。もう虐げられていろんな無茶をされて、そして最後にあそこの組へどうしても結着をつけに行くときに、鶴田浩二が雪の粉が降っている街道を1人で抜き身を持って歩いていくと、横から高倉健がご一緒しますと、すっとついて行く。そのときに、「ああ」言ってうなずくだけ。また行く。今度は菅原文太がご一緒しますと言う。「ああ」と言う。そんなイメージでした。お前も来いお前も来いという寄せ集めは一番弱いですね。そういう形でやっていくとまとまらないから、1人でいいと思ったんです。

全日空の当時の神戸支店長で、慶応のサッカー部で活躍していた男がいたのでいろいろ話をしていったんです。彼は話に理解を示して、久利さんこれをやりましょう、いいことですということで話は進んでいった。神戸支店は今はなくなったほんの小さい組織です。いい話だとして、東京へ行って話したらしいのですが、ある日、息を切らせてだあっと走ってきた。「久利さんえらいことです。この間、本社へ詰めの話をしに行きましたら、役員はいろいろ聞いてくれたんです。『いいことやな』と。ただある方から『ところで神戸支店の売り上げはどうだ』と言われたんです。しかし、もうここまでくれば子どもさんの夢を壊すわけにはいきません、やりましょう、退職金を前借りしてやりますからと。そして他の航空会社でも良いので必ず頼みましょう」と言ったんです。

私はそのときにすぐ支店長に言ったんです。今から200人の注文を出すから、それを持ってもう一遍、本社へ行ったらどうかと。全然何の目算もなかったんです。私たちの意気込みを理解していただいたのでしょうか。それからコロッと風向きが変わったんです。そして私達の復興・人・街創りにかける真剣な覚悟を理解した全日空さんの全面的な協力は得られるようになった。私はスタッフの連中に言ったんです。1銭でもまけてくれと言うなよと、向こうの値段に対して値切ってはいかんと。そうでなければ大企業というのは、皆さん方もそうだと思うのですが、なぜあそこだけにやるのか、うちにもやってくれという輩が出てきて困ると思うんですね。だからそのときに神戸プロジェクトは正規の代金をいただいていますと言えるようにしておかなければいけないと考えました。そうした形で進まなければなかなか大きなところのご協力は得られないんですよ。以来全日空さんとは非常に心の通ったお付き合いが続いています。だから私は震災で学んだことは何かというと、感謝はするけど、甘えないことが非常に大事なことだと思っています。

ここにお越しの皆さん方にもご参加いただいていますように、その後４月にサンクスＡＮＡというツアーを毎年行っています。今まで全日空さんでも、消費者のほう、ユーザーのほうからサンクスＡＮＡという冠かぶったツアーはなかったと思うんです。それを我々は感謝の気持ちの冠をつけて２１０人ぐらい沖縄へ参りました。その後、サンクス沖縄ＡＮＡ＆ソラシドという形に今はなっていますけど、毎年４月に交流会をやっています。それの一つの成果として、ことしの４月15日には神戸から１４０人参りました。沖縄からは94人の方にご参加いただきまして、那覇バスのガイドさんで組織された「うたばす」の方々に歌っていただいたり、県庁の方がフラダンスやエイサーをしてくださったりして、非常に太い絆が沖縄と神戸の間に育って参りました。

寄附頼らず自主財源で

その中で一つ嬉しい成果が出ました。ご案内のとおり、神戸ワインは１９８４年からつくっていて、それが今、非常に評判がよくて、あちらこちらで評価が高いです。その神戸ワインと沖縄のシークヮーサーが組んでワインをつくりあげました。こちらにもお越しいただいている方にもご協力をいただきました。このワインをつくった「みのりの公社」さんからの申し出で、「ＫＯＢＥ夢・未来号」というマークをつけて下さっています。買っていただいたら、売り上げの一部がプロジェクトのほうへ寄附されます。これも何も頼んだわけではないんですよ。

だからさっきの話ではないですけど、大事なことは、１人に負担をさせてはいけない。１人だけで進めさせるなという想いと行動が、どれほどみんなから生まれてくるかと、そのためには法とか力で押さえつけていくのは絶対だめだと私は思っています。そういう街創りが今、神戸のほうでは進んでいっていますね。

さっきの夢・未来号に戻りますけど、まず那覇空港へ着きまして、美ら海水族館まで一気に北へ走ります。そして名護で子どもさんが毎年楽しみにしているブルーシールさんからアイスクリームをご提供いただき、一休みしてから美ら海水族館まで行きます。翌日は南部の摩文仁で島守の塔参拝、首里城見学等を行います。

先ほども申し上げたようにこのプロジェクトは一切の補助金は受け取っていません。全部自主財源でやっています。このプロジェクトの話がいろいろ伝わって、そうすると寄附したいからちょっと来てくれないかと、ライオンズとかロータリーのところへ呼ばれることがあります。そこでの挨拶の冒頭に、私どもは寄附をあてにしてないんですと申し上げます。ありがとう、ありがとうと言ってくれるのかなと思っていた皆さん方はポカンとされますが、間髪おかずに、でも呼ばれれば何度でも参りますからよろしくお願いしますと言って帰ってくるんです。大爆笑になります。

それから、市長や教育長、あるいは各区の区長、それから各局長らが朝5時ぐらいから見送りに来て下さいます。別にこちらのほうから頼んでいるわけではないんですね。その中に、いわゆる議会の先生方、市会、県会、国会、だれもお呼びしない。私たちは街衆であるので、そういうことをしては街の中でややこしいことになるなと思ってだれも呼ばないのですけど、勝手に集まってきてくださるんです。

今まで6回延べ231人の子どもさん達が沖縄のほうへ参っております。このプロジェクトをやるときに、当時の副市長にこういう事を実施しますと話をすると、久利さんは商売だけではなくて、福祉のほうまでウイングを広げるのかと言われたんです。そうですと申し上げました。その時頭にあったのは、長年お世話になっていた画家の鴨居玲さんに言われた言葉でした。「久利君、商人として金銭の美学を持ちなさい、しっかり稼ぎなさい。どう使うかを見せてもらおうじゃないか」と言われたんです。だから私はあえて街衆《まちしゅう》と言うんですね。街衆というのは、京都の町衆は「町」と書くんですが、我々は「街」という字を書く。「町」は盆地のようなところを指すらしいんですね。田んぼのあぜ道を指す。街というのは街道といわれるように、あちらこちらへ散っていくという、神戸はそんなイメージです。それで街衆はしっかりもうけて、それをどう使うかということが大切だと、だからこれは自分たちのお金でやる。行政のほうからこれだけもらいたい、これだけ手伝ってほしいということはやらない。

そうするとある時、久利さん、このプロジェクトは行政の発案では不可能です、と市長さんが言われました。教育委員会や我々を管轄する経済局、それから保健福祉局、その他諸々の関係する組織があります。その部署が全部集まってこういうプロジェクトを立案・企画したから、そちらの街のほうでやってくださいといわれると、どうして私達街の者がそんな事をやらなければならないのかという話になる。だから、これはほかにはできんやろなと言われました。

自画自賛になりますが、このプロジェクトの中で神戸らしいなと思うのは、だれ1人としてこれでいくらもうかるのとか、これしたら得するとか、あるいはこの中の写真一つ仕事用としてPRに使わせてくれませんかというのはいないです。それがもしそういう話が出ると、仲間内からあの人はやめてもらったらどうかというような話が出てくると思います。

寄附はありがたくいただきますけど、頼みに行ったことはないです。それからボランティアの青年たちは遠くからも来るんですよ。例えば滋賀県とかそういうところからも来ますから、前の日に泊まらないといけないです。朝5時集合ですから。そのときはホテルを経営している友だちがホテルへ泊めてくれます。それから15の施設へ行くのはタクシー会社経営の仲間が行きます。子どもさん達へのお弁当などは、パンとかを生産しているところがやってくれています。

要するに、私はそのときに思ったんですよ。聖武天皇が大仏を建立する時に一枝の草、一握りの土を持って集まれと詔《みことのり》を発せられた。これですよ。自分たちができることをする、それを持ち寄る。そしたらあるラジオ番組で、久利さんお金もない、それから物もない人はどうすればいいんですかと言われた。空港で拍手で送って、拍手で迎えてやってほしい。それが100万円の寄附とイーブンですと。

非常に嬉しい話がありました。将棋の永世名人で、今は連盟の会長をされている谷川浩司さん、谷川さんの眼鏡もうちでつくっておられますから昔からよく知っているんです。本人から電話がかかってきて、久利さんちょっとアポイントをとりたいんですけどとおっしゃるのです。谷川さんのほうが忙しいから谷川さんの都合でいいですよって言ったら、いや、そういうわけにはいきません。やっぱり彼の性格ですね。あなたの時間に合わせて行きたいと、こう言われた。約束の日に谷川さんは来られて封筒を出された。夢・未来号にこれを使っていただきたいと来られました。ありがたく押しいただきました。そこまでだったら普通だったんですね。出ていかれて、すぐ戻ってこられたんです。例のはにかむような顔で、久利さん大変失礼なことを言いますけど、この夢・未来号プロジェクトで「谷川浩司」の名前が使えるなら思いっきり存分に使ってくださいと言われたんです。胸がいっぱいになりましたね。それから毎年必ずご自身が持参して下さいます。

そういう人たち一人一人が私が何ができるかと考えて下さるんです。牧場を経営している友だちがいますが、そこの社長さんがミルクを持ってくるんです。沖縄へ行って1泊2日で子どもさんが帰ってきたら気持ちは興奮して波立っていますよね。それぞれの子どもさんが各施設に戻ったら待っていた仲間と一緒にミルクを飲んで今夜は寝てねということです。そういうことをやってくれる。だから、みんなそれぞれ自分の背丈に合ったことをやっていこうじゃないかというプロジェクトです。

おっちゃんおばちゃん達が親代わり

第1日目の話の中での余談になりますが、最初にスタートしたときに、私は困った子達やなと思ったんですよ。なぜかというと、1回目のときに全日空さん、今でもそうかもわかりませんが、当時、ピカチュウのキャラクターを使用していたんです。あれを一度呼ぶのに20万円かかるらしいんです。それで支店長がお越しになられまして、最初の説明会のときです。皆さんきょうはみんなの出発を祝ってお友達が来ていますと伝えると同時に扉を開けてパッとピカチュウが出てきた。そうすると、普通の子どもさんはうわーっとかキャーとか言うじゃないですか。ところがこの子たちは冷めていて、「どうせ人間、入っているんや」と、足をがあーっと踏む子がいるんです。これはどないなってるのと思ったんです。市長とみんなで記念撮影しようと言ったら、髪で隠すんです。こっち向いてと言っても向かない。絶対こっち向かない。私はえらいところに頭突っ込んだなと思って、内心ほんとに暗かったんです。

ところが、沖縄へ来まして2日目、皆さん方の温かな心に包まれ美しい風景に触れ接しさせていただいて帰ってきました。全部後ろを向いていた子どもさんが飛行機の中で真っ正面を向いて撮影して欲しいと言うのです。今、養護施設に入っている子どもさんたちの7割、8割は虐待なんですよ。だから経済的な理由ばかりで入っている子どもさんだけではないのです。

これは土門拳さんの名作の「筑豊のこどもたち」という作品集です。これの中で子どもの尊厳というのを思ったんですよ。このころの筑豊の子どもさん達は、親が働きに出なければ食べられなかった。でもどの写真もこの写真もみんな明るいです。4年生ぐらいのお姉ちゃんが、床の抜けたような家で1年生、2年生の下の子どもさんの面倒をちゃんと見ているんです。破れた靴をはいていてもみんな笑顔があるんですよ。破れた靴をはいて。

そしてこの写真ですよ（同級生が弁当を食べている中で、2人の女児は本・雑誌を無心で読んでいる写真）。いくら貧乏といっても、まわりはお弁当を食べているんですよ。この2人の子どもさんは、私はお弁当じゃなくて本が読みたいといって本を読んでいる。弁当が持ってこられないんです。でも言わない。このような小さくても持ち続けている誇り、プライドを大事にしていかなければいけないなと思います。

それはこの前も、ここにいらっしゃる沖縄県なぎなた連盟の長浜文子会長さんのお話をうかがって、本当にそう思うんですけど、三つ四つの子どもさんをしっかりしつけていく、親がそういうことをしっかり教えなければいけない。その子どもさん達を今、親は放しているんです。だからさっき私が言いましたように、沖縄から帰って来る子どもさん達を親は今まで空港へ見送り、出迎え、1人として来たことは無いのです。でも街のおじさん、おばさん達が200人、300人来ますよ。そして拍手で見送り、出迎える。何かタレントになったみたいやなとつぶやいて照れながらゲートに入り帰ってくる。

俵万智さんがある新聞にこのプロジェクトの事を紹介して下さったのです。やはり彼女は上手に書くなと思ったんです。「大の大人がよってたかって育てる」と書いたんです。よってたかって、人の子であろうと我が子であろうと、だめなものはだめ、叱り、良い事は誉めて教える。ホテルを出るときに、タオルは耳と耳をそろえてきっちりたたんでいく。そして洗面所をきれいに拭いてほしい。ボランティアの諸君にも言いますが、ごみはきちっとくくって入り口に置いておく。子どもさんと一体となって1人ずつが親善大使であるという意識、神戸を代表しているという気持ちでやってほしいと頼んでいます。

ただ沖縄へ来て、青い空を見て、青い海を見て、そして親切な人達に触れて美味しいものを食べてよかったね、そんな物見遊山をさせてはいけないと思います。さっきの寄附をあてにしないという考え方もよかったと思いました。あの東北の大震災がありましたよね。あのときに私は絶対違うという自信はあるんですが、ほかの方々から見ると、親を失い、家を失った子どもさんたちが東北には沢山居る。そんな時に沖縄への旅行どころかと言われてもしようがないんですよ。だからうちの会社は、夢・未来号へ去年まで寄附していたけど、悪いけど、親を失い、食べるものもなくて家を失った子どもさん達の東北のほうへ今回は持っていくと言えば、そうですかと言って引き下がらなければいけないですね。行政もトップが替わったりいろいろしていくと、この部分は切る、あるいはこれに対しては見直していくというと、そういうことによって子どもさん達がもてあそばれるじゃないですか。

だから、私はこれは「イベント」ではなく「プロジェクト」にすると言っています。そのときに、みんなにこれはやめられないよ、とも言いました。一番願うのはこれをやめるときで、そういう子どもさんがいなくなったから解散することが我々の最高の名誉であって、益々盛大になって行くという事は決して良くない、変なプロジェクトですとよく話すのです。隆々としていくことはよくないんだ。でも今、言ったように、親がいないのであれば、おっちゃんおばちゃんがやろうじゃないかという気持ちで街はつくっていかなければいけないじゃないかと、常々言っています。

慰霊の想い　子どもさん達へ

私たちが新年度の企画をスタートするのは、皆さんの中で大変重い意味を持つ6月23日です。その慰霊祭にことしも8名が参列いたしました。この日をもって、夢・未来号プロジェクトはスタートします。ですから、私はきょう、このお話をさせていただいてから最終便で戻りますけど、もう一度30日から沖縄へ入りまして、23カ所のお世話になる皆さん方のところへご挨拶に参ります。挨拶状を出しておけばいいじゃないか、電話で言えばいいじゃないか、そんな考え方もありますが、そんなものじゃないんですね。やはり顔と顔とを交わして、言霊を交わして、真心をお伝えして、そして皆さん方に、どうか神戸の子どもさん達をよろしくとお願いする。

それとみんなによく言っているんです。「沖縄へ子どもを招待する」という言い方をしたときに、このプロジェクトは意味を減じるよと。「沖縄へ子どもさん達をご案内する」という気持ちでいようと思います。もっと力があれば、もっとお金があれば、沖縄へ、また3泊4日位で連れていくことができるということが言えるんです。大変恥ずかしいんです。これぐらいしかできないんですという心持ちがなければできないと思うと。

私たちができることは、ちょうど天岩戸の手力男之命《たじからおのみこと》が少し岩をこじ開ける、そして天照大神が外をのぞいたように、子どもさん達が自分たちであとは開けてもらいたいと、フジもあのようにして一生懸命生きている。沖縄の人たちも戦後大変なご苦労をされて今日を築かれていると。実は、島田叡さんの慰霊碑にお参りすることを日程に入れたときに、どうだろうなと、ものすごく悩んだんです。子どもにそんなことをすり込むなとか、あるいは、私はキリスト教だから、別の宗旨ですからこんなものはなんだと言われないかなと。それともっと心配したのは、ここへ来たときに、子どもさん達が、もうこんなのいいよこれは、なんですかというようなことで、関心なし、あっち向いたりこっち向いたりしないかなと思いました。しかし違うんですね。きちっと手を合わせてくれるんですよ。

この画面は島守の塔の絵（次頁写真）ですが、あれは5回目の井上君というお子さんが描いたんです。大体、美ら海水族館とかマンタとか、飛行機とかを子どもさんは描くんですが、この絵を見たときに、何故描いたのかなと思ったんです。先生にすぐ、これは指導したんですかと聞いたんですよ。違いますと。一番印象に残ったことを描けと言ったらこれを描いたと。私はもう一度言ったんですよ。こんな難しい字はどうしたんですかと、インターネットで見ましたと言うんですね。時代だなと思いますけど、これは彼が描いたんです。絵は島守の会のほうへ寄贈して、毎年ちゃんと慰霊祭の時に塔の前に飾っていただいています。子どもさん達の中に、こういう具合に刻み込まれていくということを、非常に大きな問題が提起されていっているのではないかと思いました。

さっき長浜会長さんから教えていただいたように、二つ三つの子でも、こちらがどういう意識を持っていて自分達はどう対応しなければならないかということはちゃんと伝わっていくんです。だからみんなに言うのは、ボランティアごっこはするなよと。ボランティアごっこをすると彼らはすぐに気がつきますよ。第2回目にある小さい女の子がいたんです。美ら海水族館に行ったときに、その子は背が低いのでフジが見えない。その子が見えてないから、私はそばに寄って抱え上げたんです。見える?と聞いたら、見える、フジすごいって、途中からおっちゃんお腹痛いと言うんですね。そうで

すよね。お腹をぎゅっと握っておしあげているから。もういいかといって下ろした。ありがとうと言ってくれるかなと思ったら、知らん顔してすーっと走っていった。まあいいや、子どもだからと思っていました。その後、書いてきた文章の中に、「久利さんあのときはありがとう、私を抱いてフジを見せてくれたね、うれしかった」と書いてある。わかっているんだなと思ったんですね。素直に言えないんですよ。でもそれを引っ張り出していかなければいけないなと思います。

1回目のときに、神戸空港へ着いてから解散の挨拶、解団式をやりまして、各施設にみんな帰っていくんですね。1人だけ男の子がずっと私がスタッフと挨拶しているのを待っているんですよ。終わるのを待ってばっと寄ってきた。「久利さん、この旅を忘れない、ありがとう」と言ったんですよ。その前にも那覇空港で女の子が買い物をしていたんですよ。仲間にいろんなものを買ってかえりたいからお土産を買っていたんでしょうね。その時も「会長さん握手してください、忘れない」と来たんです。やっぱりなんとも言えない気持ちになりますね。お迎え下さった皆さん方の気持ちも十分伝わっていると思います。沖縄の熱烈なリピーターにこの子たちは必ずなるな、沖縄の皆さん方のそういう思いを忘れないだろうと。

文化の厚み　沖縄に学ぶ

時間がそんなにないので、沖縄に対する私の想いも伝えたいと思います。

実は、きのうは伊波普猷さんのお墓参りをしてきました。その後、サキタリ洞と港川人の発掘現場を見てきました。ちょうど今、首里城でこういう企画展（「首里城と久米村」）をやっています。今朝のＮＨＫの解説でも私の所有する鄭嘉訓の竹の図が紹介されていたんです。非常に面映ゆい気持ちがしましたが、また機会があれば見ていただければありがたいのです。私は沖縄大使を任じられたときに、恥ずかしくないことをしなければいけないと、任命して下さった元副知事の安里カツ子さんに恥をかかせてはいけないシッカリ勉強しなければと強く思いました。

そして、沖縄のことを、伊波普猷さんにしてもそうですし、金城朝永さん、あるいは比嘉春潮さん、そういう方々のものを読んだりしていきますと目がくらむような思いをします。やはり沖縄の持つ文化の厚みと重さということですね。それに何か打ちのめされたような気がします。神戸もハイカラ・モダン・エキゾチックといわれて、随分若い街のように思われますが、歴史をたどれば近世の街ではないのです。国宝に指定されています弥生の銅鐸は出ているんですが、これとは同じように銅鐸が島根の加茂岩倉遺跡からも出ているんですね。39個出ている中の四つは神戸の桜ヶ丘町から出たのと同笵《どうはん》なんですね。それぐらい当時も交流があったというか、神戸も随分昔の歴史があるんですが、サキタリの2万年なんていうような気の遠くなるような歴史、その他でも紅型などでもよくありますが、夏の単衣は裏と表と両面を染める、それは何かというと、裾が翻ったときの美しさを見せるというような、この文化の深さ、あるいは朧型《おぼろがた》というような二重のものを染めていくような、そういう形での文化の厚みにはクラクラします。

それから、あとは例えば焼き物にしても、特に漆器ですね。貝摺奉行が中心になってやった漆器ですね。これも沖縄に現物はそう残ってないようですが、浦添市さんは一生懸命やっておられるようで、名古屋の徳川美術館の所蔵のものとも比較して研究は進めていくようですが、富山の杣田と中国のものとが混ざっていって、研究はこれからでしょうけれども、恐ろしいほど深い文化技術を持っている国だなという具合に思います。

それともう一つ、ここに嘉数昇明さんがお越しですが、この間、嘉数さんから最近出版された本の事で電話があったんですよ。僕も島田さんのことが書かれたこの本を読んでいて、はっと思ったことがあったんです。温厚な嘉数さんが私に、「久利さん、とんでもないです。あれをどうして出版前のゲラのときに見せてくれなかったのかな」と怒っておられる。何のことを言われているのかなと思ったら、あそこに島田さんのことを「神」と書いています。「言葉で言うのと字で書くのとは違います」と言われたんです。私はそのときにふっと思った。この前、今帰仁の資料室にもみんなで行ったんですが、その仲宗根政善さんの詠まれた歌碑が島守の塔に建っています。「ふるさとの　いや果て見んと摩文仁の　巌に立ちし　島守のかみ」と。そのときに嘉数さんに、僕は仲宗根政善さんは「かみ」とひらがなで詠んでいますよねと言ったわけです。そうです。あれは長、司という意味です。沖縄の人が彼を神とあがめてはいけないんですと猛然と言われました。この知性です。

このごろ沖縄によくお招きいただいていろんな方とお話ししながら、その知性のきらめきというか、厚みには圧倒される思いをします。

例えば、明治42年に伊波普猷さんが、沖縄人のいけないところは「恩を忘れやすい」と言っているんですね。今の副知事の高良倉吉さんが『沖縄批判序説』を書いていますね。それから最近読んだものでは、沖縄独立論の中で照屋さんという女性の方が「骨腐れ根性」なんていうことを書いていますね。恥ずかしいことに、神戸は果たして神戸人の悪口を言えるのか、書けるのか、神戸はこんなところがだめだということをできるほどの骨の太さがあるかと、みずから恥ずかしい思いをするんです。

それは何かというと、昨日、伊波普猷さんのお墓に参ったときに「彼ほどこの故郷を愛した者はいない」という字が書いてあるんですよ。愛情いっぱいの中から生まれてきた言葉、これでいいのかという、強烈なその想いだったと思います。私はその骨の強さをここへ来るたびに思い知らされる気がします。よく最近、いろんなところで「沖縄の人々の心に寄り添う」という言葉があるときに猛烈に腹が立つんです。あなたに寄り添ってもらうほど沖縄は弱くもないし落ちぶれていないという気持ちがすごいあるんです。だからふざけるなと、私はどういう気持ちで沖縄に接していますかと言われると、沖縄に学びたいと、沖縄に教えていただきたいと常に思います。

マイスター制度を基本に

ひと創りの話になってきますが、ドイツのマイスター制度に店の基本を求めようとしたんです。うちの店も創業82年になるのですが、父の代は神話の時代だと思っているんです。見て覚えろということ。私の代になって歴史が始まると思ったんです。そうすると、どこかに規範を求めないといけないと思って、ちょうど明治のときに、後にドイツ式になりましたが、陸軍はフランス式、海軍はイギリス式を学んだんですね。そしてそこに規範を持って国を興していった。今、日本では皆さん方はそんなこと、えーっと思われるかもしれないんですが、先進国で眼鏡の資格制度がないのは日本だけなんですよ。だからきのうまで、別の商売をしていてもきょうから眼鏡屋ができるんですね。ドイツではそれは考えられないです。資格は一代限りですから。それも10年間かけて見習い、レアリング（見習い）、それからゲゼレ（熟練工）、それからマイスターという試験をずっと受けていくんです。これに2回落ちると、もう一生受けられない。だから世襲制ではないんです。マイスターがいない店が開業しているのは考えられない。

だからよくヨーロッパの街を取材した旅番組などテレビで、窓縁でおばあさん等が町を一日中ながめているような場面があります。ストリートウォッチャーということですね。あそこの店はマイスターがいないのに店が開いているよというような事を監督・担当部署に通報するんですよ。これはみんなのためにやっているという責任感があるんですね。だから今はどうかわかりませんが、私の弟が79年に初めてマイスターを取り、6年前にうちの息子が取り、日本人で今は2人ということなんですが、弟のときに煙突掃除のマイスターもいたんですよ。環境整備のお目付役なんですね。非常に高い尊敬を集めています。ドイツにはマイスター、ドクター、プロフェッサーという、この三つの大きな称号があります。だからマイスターを取った途端に、マイスター久利という名前で手紙、書類も来ますし、接する態度が尊敬をこめて全く変わってしまいます。これは教育制度に取り入れられています。マイスター制度のおもしろいところは、国家の試験ではないんです。国家試験を通ってから、その後にもう1回マイスター試験がある。だから国家試験だけ通っても、もう一つマイスター試験に合格しないと開業はできないんです。

なぜそういうことを言うかというと、現在、東ドイツという国は存在しません。東ドイツ国家からかつて認定をもらっていても何の意味もないんです。でも技術は国境を越えるということです。マイスターは、東ドイツで取ろうと西ドイツで取ろうと、あるいはオーストリアで取ろうとマイスターはマイスターなのです。また、マイスター制度を理解しないと、ドイツの音楽、あるいは小説、そういうものは理解できません。これには遍歴時代というものがありまして、レアリング、見習いのときに、昔でいえば船場のいとはんに若い衆が恋をしますが、まだ腕がないから包丁1本サラシにまいて各地の腕の立つ親方を訪ね修行の旅に出る形のときが遍歴時代です。

例えば私がパンのマイスターだとしますね。ここへ1人の少年がマイスターになりたいと、小学校を出たときからその選択肢が始まりますから、来ます。

私は食パンをつくるのが上手であるということで、それを教える。1年なり2年なり学んでいく。その間、スクーリングがあるんですよ。南のミュンヘンだったらバイエルンの子どもさん達だけが集まってくる。その成績は親元へ行かないでマイスターのところにいくんです。だからドイツの専門店、あるいはヨーロッパの専門店を見て店頭に少人数しかスタッフは居ないなと思っても、後ろには店が学資を負担して技術取得等を含めた学校へやっているスタッフがいます。そうやって自分たちが将来を担う若年層のために保険料も含め全部払っていくというのは、商売をする人間にとっては義務なんですね。社会の教育制度に組み込まれています。

私がパンを教え終わると、次は、ケーキを勉強するにはベルリンに腕の良い友人がいる、あのマイスターのところへ行けばといって紹介状を書いてやり、そこへ行って学ぶ。そういうようなことをずっと繰り返しながら徐々に色々な技術、人間としての教養経験を身につけていきます。昔のことですから、歩きながら山野に伏して星を眺めたり歌を歌ったり、遍歴・修行を重ね親方の娘さんに恋をしているけど、俺はまだ力がないからといって寂しく旅立っていくという、そういうのが大体ドイツの話なんですね。また絵にもそういうところは多く描かれています。そういうような物語があって、そして雌伏しながら、いよいよ大丈夫というところでマイスター試験を受けて、それで国と手工業会議所主催のマイスター試験に合格すると晴れて開業出来きて、次世代の若者を育てる義務を負うようになっていきます。

今、女性活用のことがよく話題になりますが、眼鏡マイスターは女性が非常に多いんですよ。そんなに腕力も要りませんから。だから女性のことをことさらに言うことがむしろいかがわしいなと私は思うのですが、とても活躍しています。眼鏡のマイスターを取得してから意欲と時間的な余裕のある人は、目と横一線に並んだ耳、補聴器のマイスター取得を目指します。そんな事情がわかって来ましたのでこれからの時代は「これだ」と思って、色々な資料を集め、勉強していき、それを持ってかえってこようと決めました。10年かかることも知りました。10年間行かせました。そのときにどこにも紹介状をもらわなかったんです。ドイツの代表的な光学メーカーのカールツァイス社やローデンストック社等々、いろんな日本の代理店から紹介状を出しましょうかと言っていただいたのですが、要りませんと断りました。1カ月や2カ月の旅行ならお世話になりますが、10年間は自分の力しかない、苦しんだらいいと。店を継ぐという立場や弟や息子であるというのは、たまたま偶然なんですよ。しかし、店を継ぐのは必然でないといけない。彼が後継者としてリーダーになるのは当たり前というような力をつけて帰って来なければなりません。息子のときも10年間、一度もドイツへ行ったことはありません。行くときに、私は行かないからねと言ったんです。「もし向こうで死んだらどうしますか」と聞かれることもよくありましたが、行きませんと言った。なぜかというと、帰ってくるときは貨物ですから、客室には乗せてくれないですよね。それに会う必要はないと。店を継ぐお客様への責任を感じなければいけないと強く思います。

かつて日航機の大きな事故が起こりました。あのときにドイツ人の女性の言葉が胸に刺さったんです。ご主人の遺体を見に行きますかと言ったら、行きませんと。元気なときの顔だけを想い出せばいいですと。それで十分ですと、私も思いました。だから鴨居先生が亡くなった時も自分で病院に運びながら最後のお顔を見てのお別れはしなかったのです。元気な玲先生だけで十分ですと。そういうことをやっていかないとだめだと思いますね。そして社会やここまでご愛顧下さったお客様への責任を持つ。

それを自分の店の礎にしたいと思いました。

ここにいらっしゃる長浜会長に、あるときズバッと言われたんです。この時も沖縄の方はすごいなと思った。私がこういう夢・未来号プロジェクトに関わっていると、みんなすごいすごいと言われるんですよ。安里さんのお葬式の帰りだったと思います。「一度、久利さんに聞きたいと思っていたんですが、あなた本業は何しておられるんですか？ しっかり仕事をしないで大丈夫ですか？」と言われたんです。だから「息子にこういうことをやらせています」とマイスターの事を説明しました。「それでよくわかりました。失礼な事を申し上げました」と言われました。親身になってこのようなことを指摘していただいて沖縄のほうへ足を向けて絶対寝られないです。限りない優しさの微笑の中に伝統的に物事の本質を冷静に正確にみつめていられている沖縄の方々はすごいなと思いました。私はそんなことを言われたのは初めてでした。

作品「1982 年　私」とともに写真に収まる鴨居玲氏（左）と著者。

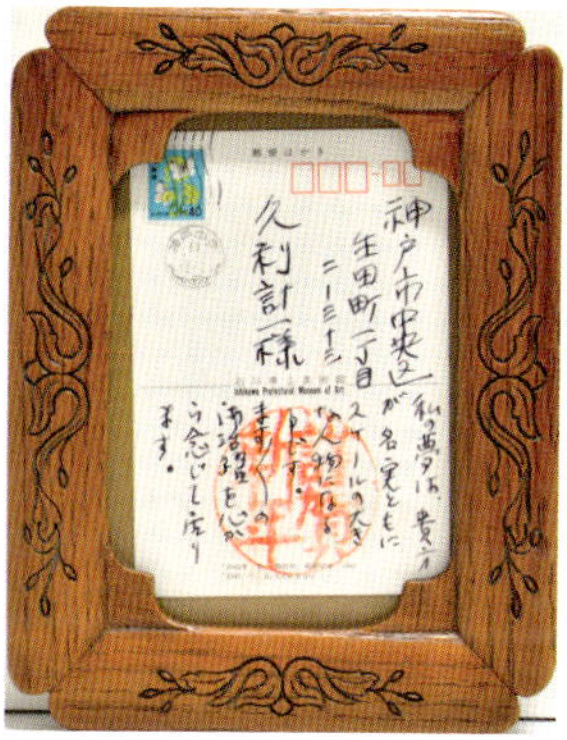

（左）上記写真を飾った額縁裏に記された鴨居氏のサイン。（右）「私の夢は、貴方が名実ともにスケールの大きな人物になる事です」などと記された鴨居氏からの葉書。

島田知事生んだ国際都市

それから、なぜ島田叡さんという人が生まれてきたのかということがこの本（「10万人を超す命を救った沖縄県知事・島田叡」ポプラ新書）の中にも書かれていますす。私の読み違えであればお許しいただきたいのですが、野球が彼の敢闘精神をはぐくんだと書かれています。私はそれだけではなく、それは神戸が生んだ風土ではないかなと思います。当時、島田さんが沖縄へ赴任するということは、失礼ながら三等県ですからキャリアとしては一番最低の形で、ここへ来ても何のキャリアにもならないです。でも、終戦の年の1月31日に赴任して、6月にお亡くなりになるわけです。6カ月の間にこれほど人の心をつかまえたというのは、愛情と優しさを含んだ言霊があるということ、人を差別しないということ、そして「生きろ」という重い言葉を普通に発するというのは、やはり神戸の風土が生んだんだと思うんです。

それは何かというと、この間、調べてみて、ああこういうものかと思ったのですが、昭和3年に神戸に国立の移民収容所が開設されているんです。まだ知識としては持っていませんのでご関係の方がいればまた教えていただきたいのですが、沖縄の方々も入っていられたと思うのです。その移民収容所は、今は移住センターという名前に変えているんです。どうして移民収容所という名前のまま歴史として残さないのかと思うんです。収容所でいいじゃないですか。捕虜収容所と一緒ですよね。ドイツのホロコーストと同じように歴史に正確に痛みを持って正面から向き合わなければいけないと思います。

そこを舞台にして第1回の芥川賞を取った石川達三さんの作品『蒼氓』があります。棄民です。その人たちは、あそこで1週間ほど、予防接種したり、向こうへ行ってこんなものを食べます、向こうの習慣はこうですと、多分教えられたのでしょうね。私の友人の親がそこの側で雑貨店をしていました。そこで鍋や釜をいろいろ買いそろえて行ったんでしょう。今でも覚えていますが、サントス丸とかブラジル丸を見送りしましたよ。たった1週間ですよ。私の記憶では東北の方が多かったのですが、それでもその移民として彼地に渡られる人々の子どもさん達が転入して来ると、すぐに友だちになりました。そして仲間とたった1週間の友だちのためにお小遣いを集めて、小学校の前にあった文具店で鉛筆や色紙を買ったりして、毎回贈りました。ほんの短い間の友だちでも切なくてしようがなかったです。当時の国策の一環だったのでしょう。小学校の全員で波止場まで一生懸命日の丸の旗を振って見送りました。でも出て行く友人はみんな明るかったのが印象的でした。新天地を求めて。私達のほうが何かしんみりしていましたね。考えてみると私達のクラスの中にも、チョウさん、あるいはチンさん、シュウさん、それからバクさんなんて、僕らは団塊の世代ですから一クラス当時60人ぐらいいましたよ。その中で10人ぐらいの中国人や朝鮮人もいました。みんな友だちだったんですね。何も思わなかった。小学生が集まると、三角ベース野球大会で彼が今回用事で来られないから負けだなとか言って、国籍の違う友人を頼りにしたり、誇りに思ったりしていました。

「三把刀《さんばとう》」という言い方があるんですね。三つの握る刃。洋服を縫う人、散髪する人、それから料理人。この三つの条件を持って腕一本で生きようとして神戸にたくさんの中国からの人々が来ていました。その方々が眼鏡を買いに店へ来ましたら、たどたどしく不自由な日本語でしゃべられるのです。ほとんどわからない。その方々に対して父親が一生懸命商売抜きで時には相談事まで話をするんです。ちょっとお体の不自由そうな人には大丈夫か、家まで帰られるか、ついていかなくてもいいかということをやっていましたよ。付き添って帰ってくるなり、「計一ああいう人たちには親切にしてあげなくてはいけないぞ。異国へ来てどんな思いで暮らしていると思う?」と言ったんですよ。明治の人が。私は父が45歳ぐらいのときに生まれた子どもですから、父は島田さんと近いんでしょうね。だから島田さんもやはりそういうところはあったと思います。決して人をさげすまない、差別しない。そんな神戸人の気質、空気がありました。

神戸と沖縄　続く縁

ご生前中、鴨居先生からアートの持つ力を教えられていたので、震災からの復興には大きな力を発揮すると思っていました。そこでストリートミュージアムの発想が出て来たのです。収蔵作品は全てアーティストからご寄贈いただいています。でもタダで欲しいからでは無いのです。「この地の人々に！」というアーティストの方々の神戸に注ぐ「眼差し」が欲しいのです。作品のお願いに参りますと、必ず申し上げる言葉が有るのです。「失礼ながら例えば1万円の時価とされる作品に100万円の経費をかけて何度も何度もお訪ねいたします」と。沖縄からは大嶺實清さんに、東側にはブルーのニライ像、西のほうには白のカナイ像を設置していただきました。ブルーニライとホワイトカナイとうちの街には二つ作品があるんですよ。それが地面に収蔵されている。今でもまだ神戸の作家は1人も収蔵していないんですよ。神戸の作家であっても自分達の感性に合わない作品は入れないということです。沖縄であろうと北海道であろうと、外国人であろうと、肩書き・地縁・国籍など関係なくいいものしか入れないのが国際都市だと思います。ここに大嶺實清さんのメッセージが和文・英文でプレートに刻まれています。古来東側は青龍が守り、西のほうは白虎ですね。神戸では沖縄から到来のブルーニライ、ホワイトカナイのシーサーが街の入口を守ってくれています。それらの作品がフッとご覧になった沖縄や各地からお越しになられた方々に、こうやって神戸との友好を果たしておりますというメッセージを伝えてくれていると思います。

これの最初、ブルーニライを収蔵した時のことです。ある知人のライブがあるということで石垣島へ行きました。石垣島の大きな料亭でやりまして、終わったらそこの女将さんに、神戸からお越しの方だったら一杯飲んでくださいとご馳走になりました。そこで神戸の方がお越しになるたびにお尋ねするんですがと、ある物語を聞かされました。私と同じ年ですから67歳ですね。学生時代福祉の勉強で名古屋に行っていました。夏休みに帰ろうと思って神戸港まで来て乗船され船室へ入った。これでやっと沖縄へ帰れると思ったら、台風が来るから降りてくれ出航予定は不明と言われたんです。船内でもう1人、沖縄へ帰る友だちと一緒になったのですが困った、ほかに泊まるところもないし、これはどうしようと思って2人で心細く下船した。なけなしのお金を握って港町の商店街をうろうろしたんです。もうどうしてもお腹がすいたから、最後のお金だけども思いきってあるソバ屋さんに入った。不審な様子だったのでしょうか、そこの大将から「どうしはったん?」と聞かれた。実はこうこうで、もういつ船は出るかもわからないし、お金も無くなっていますと言うと、「うちの寮に来て泊まりなさい。出港するまでうちで働いたらいい」と言われたんです。それ以来今でもその人を探しているんですと問わず語りに話された。すぐにピーンときたんですよ、あの親父さんじゃないかなと思った。でもそのときは言わなかった。

当時、神戸と石垣との飛行機の直行便はありましたから、帰神後、女将さんにこんな作品を除幕しますからお越しになりませんかと電話したら、即座に「震災後の神戸も心配だから行きます」と言われた。そして私はピーンときたその親父さんに「親父さん、こんな話、覚えてない?」と尋ねたら、「んー、思い出した、ウナギ屋の娘さんや。泊まった泊まった」って。その娘さんとこの間、会ったんですと言ったんです。私は除幕式のときに、このブルーニライ像は人と人を引き合わす、そんな思いを込めた像になってほしいと思いますと話して、その2人を引き合わせたんです。そしたら参加者は「えーっ」という話です。そこでカチャーシーが始まったんです。沖縄からもたくさん来られたんですよ。それで大きな渦・輪になりました。

私は何を言いたかったかというと、今84歳の宮本の親父さん、その前の100いくつの島田さん、それから私達。先の女将さんに、当時、名古屋に行ってどうでしたかと聞くと、土人扱いでしたとおっしゃいました。沖縄の人間だから英語ぐらい話できるやろと、英語の教授に言われたと。8月14日の沖縄タイムスに当時本土に学んでいた沖縄の方の、「言葉捨て懸命に同化」という記事があって、これは私と同じ年の方の経験が書いてあるんですよ。こんなことってあるのかっていうような、神戸ではほとんど信じられないですね。私は中学ぐらいのときに毎晩よくジョギングをしていたんですよ。その走っている途中でなんとも妙なる音が聞こえる場所があったのです。今、思うと三線です。その辺りにはちょうど神戸製鋼の工場がありました。みんな沖縄から働きに来ていらっしゃったんでしょうね。今思えば肩を寄せ合い故郷に思いを馳せながら皆さん方は飲んでいらっしゃったんでしょうね。それをなんだこいつらと思ったことはなかった。不思議な気持ちでした。それがベースになっているのでしょうか、今、私はまさしく沖縄の皆さん方の持っておられる文化、伏流水としての文化に対して心からの敬意を持ちながら、そしてこれから学ばせていただきたいと強く思っています。

それは何かというと、かつて沖縄の人たちが持っていた良さを、神戸の今あの連中は神戸の人達は持っているよということを。それをやっていきたい。「青は藍より出いでて藍よりも青し」と言いますね。ご縁の深まった沖縄の方々に、私たちは島田叡さんの衣鉢を継ぐ者であるという想いを持って、これからも努力を重ねていきたいと思います。長い間ご清聴ありがとうございました。

それと、ちょっと一つだけ、俵万智さんが今、石垣に住んでおられるんですよ。彼女がある時何か夢・未来号プロジェクトでお手伝い出来る事はありませんかと言って下さったんです。私はイメージソングをつくってほしいと言ったんです。彼女が詞を書いてくれました。そしてミヤギマモルさんが曲をつけてくれました。「ハイサイOKINAWA」という曲です。そして鴨居玲さんの絵をジャケットに使いまして、非常に豪華版です。この曲を最後に聴いていただいて終わりたいと思います。

良生君への募金に協力を

もう一つだけ、ちょっとだけ時間をいただいていいですか。個人的なことをちょっと話したいと思います。

きょう大変お忙しい皆さん方に貴重な時間を割いていただきました。私は冒頭に申し上げましたように、話をするのが専門家じゃないんです。かえってこんな貴重なお時間を割いていただいて恐縮に思うんです。それに対して沖縄タイムスの社長さんはじめ、皆様方から過分なご配慮をいただきました。

昨日の神戸新聞をホテルに帰ってから読んだんです。皆さん方にも大変お騒がせしています。不幸な事件が一つ起こりました。出発のときはわからなかったんです。神戸で一つの小さな命が奪われました。胸を痛めながら読みました。

そしてきのう、神戸からよくお越しいただきましたと、社長さんが私たちを食事にお誘い下さいました。食事しながら、そのときに社長さんが熱を込めて、今度、沖縄タイムスは全社挙げて良生君募金を本格始動させますと、女房にも言ったんですと、そうすると女房が嬉しいですね、すぐに私も振り込むと言ってくれたと。北谷町に住んでいる松島良生君という12歳の、ちょうど私たちが沖縄へ案内してくる神戸の子どもさんと同じぐらいの子どもさんが重度の心臓病を患っておられる。彼がアメリカで治療を受けるときに2億1０００万円要るらしいんですよ。これに対して全社挙げてやっていきたいと。僕は新聞社の社長さんというのは手練手管の、古狸の中の古狸という方をイメージしますが、本当に島田さんがよく言っておられたように「至誠」という言葉をすぐに想い浮かべました。本当にまともな話をされていくということで感銘を受けました。

私は今回、沖縄の皆さん方が私の拙い話を聞いてくださって、過分なお礼をいただきました。それを全て良生君募金へ置いて帰りたいと思います。そして神戸の仲間にも伝え募金を帰ってからすぐ始めようと思います。この子どもさんは、そのうちそのうちじゃだめだと思うんです。一日一日が苦しい毎日を送っていると思うんです。彼は手術を受けた後元気になれば今度はみんなに、また僕は何かやることはないだろうかと思ってくれると思います。どうかお力添えをいただきたいと思います。ありがとうございました。

それでは、あんまりしんみりになってはいけないので、「ハイサイＯＫＩＮＡＷＡ」を聴いてください（曲が流れる）。

ありがとうございました。これは那覇空港ビルディングさんのご厚意で、旅の最後に空港ホールで「うたばす」の皆さんが歌ってくださいます。それを聴いてから子どもさん一人一人が小さな体に大きな大きな想い出と夢を詰め込み、空路神戸に向かいます。

ご静聴ありがとうございました。

沖縄と縁を結ぶ——あとがきに代えて

沖縄タイムス紙のリレー連載コラム「うちなぁ見聞録」の第1回目の執筆者としての栄誉を賜ったのは2年前の祇園祭の熱気が心に残る季節でした。連載のスタートは沖縄県民の心に刺さった言葉「粛々」をテーマに、言葉を発する人の品格についてスタートしました。

当時、喫緊の要事として論じられた難民の問題、特にドイツ・メルケル首相の対応について現地で感じたことを述べた文面を今、読み返してみても、あながち読者の方々に方向違いの考えをお伝えしたのではなかったと安堵すると同時に文章として残る責任と恐ろしさを痛感しています。

昨年7月をもってなんとかお約束の1年間が終わり、素人の私としては「無罪放免」の実感を伴いましたが、「続編を！」とのお言葉や「本に纏めれば！」とお勧めを多数いただきました。さすがに自分の力量は心得ていますので、続編執筆のご提案は拝辞致しましたが、以前に「沖縄政経懇話会21」で述べさせていただいた記録も加え、神戸の街衆《まちしゅう》の一人がその時代に何を感じ行動したかを記録することも大切かと考え、ご好意に甘えることに致しました。加えて幸運にも、日本画家の登竜門として洋画の安井賞に対する山種美術館賞展第９回の優秀賞を受賞し、現在京都画壇で伝統を継承する第一人者と目されています大野俊明京都市立芸術大学特任教授が挿絵を担当して下さり、強い線と透明感あふれる優美な色彩で沖縄の風物を描いて下さいました。鴨居玲先生について綴りました「沖縄　描いて欲しかった」（20頁）を大野先生が代わって描いて下さり、心に残る美しい沖縄の情景を残せたのではないかと喜んでいます。

連載執筆が終わりました２０１６年から17年は私にとってさらなる沖縄との深まりを実感する年となりました。神戸開港１５０年、沖縄航路開設１３０年を記念し、ストリートミュージアムに國吉清尚さんの作品を収蔵、その講演会の開催、そして沖縄から那覇、糸満市長様、美ら島財団理事長様、メディアの社長、役員様等々、多数の御来神を賜り、物産展も兼ねた「沖縄ＧＯＧＯ！　ハイサイフェア」を三宮一帯で実施できました。特筆すべきは沖縄の子どもさん達も空路駆けつけて下さり、可愛いエイサーとフラダンスを神戸市民に披露して下さいました。

三宮の街の者が総力を結集し、神戸市内の児童養護施設の子どもさん達に沖縄を訪ねてもらう「KOBE夢・未来号・沖縄」プロジェクトは今年で9回目を数えます。そして、沖縄の皆さまのお力添えに感謝して、神戸の街衆が春に沖縄をお訪ねし、交流を重ねて参りました「Thanks沖縄・ANA／ソラシド」も年々参加者が増え今回は最多の人数での開催となりました。

沖縄から駆けつけて下さった子どもさん達が、「夢・未来号」参加の子どもさん達と同じように神戸の街を知り、愛して下さり、将来への大きな架け橋になって下さると期待しています。

この春には前述致しました「ハイサイフェア」の準備ご挨拶のために本部町をお訪ねいたしました。その時に受けましたご歓待では、度々コラムの中でも触れていますが、沖縄の持つ伝統の厚さ、深み、なにより人々の心の温かさを感じ、その供された

神戸から沖縄に到着した「KOBE 夢・未来号・沖縄」の児童ら（2017 年 1 月 7 日、那覇空港）

エイサーとフラダンスでハイサイフェアを盛り上げた沖縄の子どもたち（2017 年 4 月 8 日、神戸市内）

ご馳走の数々と共に忘れることの出来ない一夜となりました。古民家の一番座に招ぜられ宴が始まりましたが、開け放たれた庭には真っ赤な舞台がしつらえられ、町のお嬢さん達による本格的な琉球舞踊、美ら海水族館館長の美しく心にしみ通る三線と朗々と歌いあげられる伊野波節等々に、往時遠来の方々をこのようにもてなし「招宴」とはかくあるものかと、気の遠くなるほど大切に守られて来た古酒の味と共に実感いたしました。

5月末には島田叡知事の前任者で、「逃げた知事」として沖縄の方々に決して良い印象を持たれていない第26代泉守紀知事についてのシンポジウム「いっとーばいの時代」に参加し、その1週間後には重要無形文化財保持者（人間国宝）の志田房子さんの顕彰公演を鑑賞致しました。前者では私達神戸の誇りでもある第27代知事の島田さんの行動、思想だけでなくあの非常事態の中で沖縄県民への強い想いがどうして生まれて来たのかを知るためには、泉さんへの理解が無ければならないと以前から思っていましたので、何よりの機会となりました。両者と共に県政を担われた荒井退造さんのご苦労を強く感じると共にあらためて「戦争の悲惨さ」と時代の残酷さを思いました。このお3人についても今後は特にその伴侶としての奥様、ご家族の方々についての勉強を重ね自分なりの考えを持ちたいと思っています。

志田さんの舞台は久々に身体全体から沸きあがる戦慄に近いほどの感動と共に、古典を極めながらなお創作に燃やし続けられる情念を感じました。老婆を演じられていた一瞬、かいま見た手許に施された「ハヂチ」にも心を打たれました。

7月30日には荒井退造さんのご生地の栃木県宇都宮市に於いて沖縄・栃木・神戸トライアングルパネル討論会「退造の生きざまから何を学ぶべきか」が嘉数昇明元沖縄県副知事も参加されて開催されました。荒井さんの顕彰碑、生家を訪問し、お墓にも参じご冥福を祈りました。

さらにその2日後には摩文仁から見渡せる大渡浜に上陸し、日本の開化に尽力したジョン万次郎の出身地である土佐清水を訪ね泥谷《ひじや》光信市長と面談、前述のトライアングルの交流を沖縄・栃木・土佐清水・神戸のスクエアにしていきたいとの想いを伝えました。万次郎が望郷の念ひとしおの生地土佐清水を越え、何故琉球まで行き上陸したのか、漂流ではなく目的意識を持って行ったことにも深い関心を持っています。

沖縄への到着、到来といえば今一つ大きな関心を持ち出したことがあります。本年の若夏の頃、愛知県の豊田市美術館で東山魁夷さんが精魂を傾けられ10年の歳月を費やされて完成、「平成の至宝」と言われている唐招提寺の開祖鑑真和上に捧げられた「障壁画」の特別展が催されました。平素開山忌の3日間を除いて非公開のこれらの「障壁画」を鑑《み》るために長駆豊田まで参りました。和上の誕生地揚州は水墨で、日本での風景は大和絵の様式で岩彩にて描きわけられ、静謐、心を洗われる展覧会でした。和上像が鎮座されている厨子に描かれたエスキース（下絵）も展示されていました。

美術館を出てからある疑問を感じ帰宅後全作品集を聞いてみました。和上の厨子の扉絵には薩摩の秋妻浦《あきめうら》（現在の坊の津）の港に入港する和上の船と、その船を照らす金銀の日月それらを包み込む湾の風景が描かれていました。日本への接近、上陸の瞬間が間近に迫る和上を乗せた船。5度の失敗を重ね盲目となりながらの感動的な静けさの中に緊張した入港の場面でした。沖縄にご縁が深くなった私は、一瞬ある気持ちが動き、鎌倉時代の和上の行動を描いた重要文化財「東征伝絵巻」を見ました。かすかな記憶の通り、揚州から苦労をして船出した和上が（彼地からの出航も禁じられていました。今の頭脳流出にあたるのでしょうか）苦難の末、6度目に阿児奈波（沖縄）に漂着し、その後奄美、屋久島、種子島と1カ月をかけて12月に秋妻浦に着いたことが描かれていました。多くの貴重、高価な品々を携えたこの高僧が来訪したことを当時の沖縄の人々が私達が本部で受けたようなおもてなしで迎え敬い、滞在、その後の旅の安全のために全力を尽くしたのでしょうか。

井上靖さんの「天平の甍」も読み返してみました。中学生時代以来の再読でした。あの時は全く意識にもなかった和上の漂着が沖縄の風景の中に短くではありますが描かれています。盲目となられた和上は、薩摩に着くよりはるかに大きな安らぎの気持ちで沖縄に上陸され「日本に着いた」とお感じになられたと、私は思います。冬とはいえ、まだまだ強い陽差しと、東シナ海とは違った波音、薫る風、聴こえる音、その中に端然と座すお姿が浮かびます。

大野先生ともその話をして、今回のこの本のために沖縄の和上を描いていただくこととなりました。ひょっとするとこの本は、その場面を描かれた絵が一番の収穫かもわかりません。

古来沖縄の人々は多くの人々を受け入れ、日本の玄関口、迎賓館として、また航海の装備の補充地として重要な役割を果たしてきました。その経験、ノウハウが2百年前のバジルホール一行を驚嘆させ、大きな敬意を払わせ、意図せず世界中に沖縄の民の精神性を伝えたのでしょう。

今、街を創りあげ地方に活力を持たらせるものは建物でもイベントでもないと思います。自らの歴史、伝統、文化に強い愛着と誇りを持つ「シビックプライド」がその原動力となります。沖縄が取りもってくれた宇都宮、土佐清水の方々との出会いが、

鑑真和上　阿児奈波（琉球）上陸

これからどのようなドラマを生み出し、お互いの歴史、文化への理解、敬意へと高まって行くのかが、大きな楽しみです。

出版に際し超ご多忙な中、玉稿をお寄せ下さいました高良倉吉先生、貴重な紙面、機会をご提供下さいました沖縄タイムス社様、いつも天上からお見守り下さっている安里カツ子元沖縄県副知事、そして私達を大きく包み込み、いろいろとご教示を下さる沖縄の皆様に心からの感謝を申し上げます。

ありがとう、うとぅむち（もてなし）の島沖縄。これからも宜しく。

栃木の荒井さんのシンポジウムの帰路車中にて
２０１７年８月２日

修行僧のような姿勢――久利計一さんのこと

高良倉吉

この本に収められた久利計一さんの文章には、いくつもの印象的な言葉が登場するが、例えば次の引用文はその典型だと思う。

「多くのことを気付かせてくれるこの島は、私の中でかけがえの無い大きな位置を占めている」。

「どういう気持ちで沖縄に接していますかと言われると、沖縄に学びたいと、沖縄に教えていただきたいと」。

久利さんには、自分はなお足らざる存在だという自覚がある。これまでの人生を刻み、多くのことを蓄積していながらも、沖縄という存在に向き合ったとき、足らざる自分、学ぶべき自分を感得させられる、と言うのである。沖縄を利用して自分の主張を開陳するのではなく、沖縄が放つメッセージに反応できる自分でありたい、そういう覚悟を持つ人なのである。あたかも修行僧が、沖縄という教場に立つ姿のようなものかもしれない。

久利さんの活動舞台は神戸である。その街で自らクオリティーの高いビジネスを追求しながらも、孤高でいるのではなく、仲間の街衆たちと地域や社会に対する貢献を果たそうと努力してきた。一九九五年に起きたあの大震災において、久利さんが愛して止まない街は大自然の痛打を受けた。しかし、その大災害を乗り越え、郷土を復興させるための幾多の奮闘ぶりが、久利さんや街衆たちのソフトパワーを形成したのだと想像する。そのソフトパワーが沖縄に向き合ったのである。

象徴的なその事業は「ＫＯＢＥ夢・未来号」プロジェクトであろう。神戸の児童養護施設で暮らしている小学校六年生を毎年、定期的に沖縄に派遣している。沖縄の自然、歴史、文化、そしてそこで暮らす人びとにはメッセージが秘められており、神戸の子どもたちに、そのメッセージを感じさせたい、という思いなのである。また、この島には神戸出身で、戦時下の沖縄において県民と苦楽を共にした島田叡元知事も眠っている。島田元知事の生き方も神戸の子どもたちに感じて欲しい、との希いも込められている。みごとなプロジェクトだ。

プロジェクトの中心にいる久利さんは、「多くのことを気付かせてくれるこの島」、さまざまなことを教え学ばせてくれる沖縄を、子どもたちにも届けたいのである。

「ＫＯＢＥ夢・未来号」を主催するＫＯＢＥ三宮・ひと街創り協議会に招かれ、講演を行ったことがあった。終了後の質疑応答や懇親会の場面で感じたのは、会の皆さんの溌剌たる姿だった。最後に久利さんの自宅に招かれたが、噂に違わず、久利さん宅はまさにアートギャラリーだった。深い、個性的な表現者たちの作品が重厚な空間を占めている。アートを愛する久利さんの聖堂に触れた思いがしたものだ。

久利さんが目指しているのは、神戸という街の品格を磨くということではないだろうか。独自の都市文化の伝統を持ち、あの大震災の試練をも乗り越えて日々進化しつつある神戸に対し、ハートフルな品格を付与したいのであろう。神戸という立ち位置から沖縄に向き合い、沖縄と交差できるハートを持つ神戸を形成したいと考えているのだと推測する。その営為が、「多くのことを気付かせてくれるこの島」との交流であり、さまざまなことを教え学ばせてくれる沖縄との対話なのだ。

沖縄にとっても、神戸という具体的な地域との交流は大いに意義が深い。そのことを念じながら、久利計一さんの思いあふれるエッセイ集を読んだしだいだ。

（琉球大学名誉教授・元沖縄県副知事）

《著者略歴》

久利計一　くり・けいいち　1947年、神戸市生まれ。70年同志社大学商学部卒業。同年、株式会社マイスター大学堂代表取締役、ザ・ファースト会長に就任。98年から神戸三宮センター街2丁目商店街振興組合理事長、2006年からKOBE三宮・ひと街創り協議会会長。09年から毎年、神戸市内の児童養護施設の6年生に沖縄を体験させるプロジェクトを率いている。また、商店街で沖縄観光をＰＲしており、11年に美ら島沖縄大使に任命された。神戸市総合基本計画審議会委員など多くの役職を務めている。

大野俊明　おおの・としあき　1948年、京都市生まれ。73年、京都市立芸術大学美術専攻科日本画専攻修了。87年に山種美術館賞展優秀賞受賞。現在は京都市立芸術大学特任教授、京都日本画家協会会員。個展・グループ展多数。著書に『平家物語素描集』（東方出版）など。

沖縄に学ぶ　神戸からの「うちなぁ見聞録」

2018年1月17日　初版第1刷発行

著　者　久利 計一

発行者　豊平 良孝

発行所　沖縄タイムス社
沖縄県那覇市久茂地2－2－2
電話　098-860-3591（出版部）
URL　http://www.okinawatimes.co.jp/

印　刷　東洋企画印刷

ISBN978-4-87127-249-0　C0095